Lebenskunst in

AMSTERDAM

Brigitte Forgeur
Fotos von
Christian Sarramon

Gerstenberg Verlag

Die Deutsche Bibliothek – CIP-Einheitsaufnahme

Lebenskunst in Amsterdam / Brigitte Forgeur.
Fotos von Christian Sarramon. [Aus dem Franz.
von Stefan Barmann]. – Hildesheim : Gerstenberg, 1999
Einheitssacht.: L' art de vivre à Amsterdam <dt.>
ISBN 3-8067-2856-9

Aus dem Französischen von Stefan Barmann

Die Originalausgabe erschien 1992 unter dem Titel
L'Art de vivre à Amsterdam bei Flammarion, Paris.

Konzeption: Ghislaine Bavoillot
Gestaltung: Marc Walter

Druck bei Canale, Turin
Printed in Italy
ISBN 3-8067-2856-9

Inhalt

Im Zeichen des Wassers

Im Laufe der Jahrhunderte hat sich Amsterdam zu einem geordneten Labyrinth von Kanälen entwickelt, ein magischer Halbkreis, der der Welt seinen Stempel aufdrückte. Diese von Menschen und Wasser entworfene Stadt ist unverändert geblieben. Sie ist ein aufgeschlagenes Buch, der Spaziergänger sein Leser.

Von Cees Nooteboom

Zuerst: das Land. Die Nordsee schlägt gegen eine Dünenkette, die sich ihr entgegenstemmt, rollt heran, grüngrau, braungrau, bis sie einen Durchlaß findet. Dann umschlingt sie das Land, dringt durch die Lükken des Inselwalls, wird erst Waddenzee, dann Zuiderzee. Jetzt gräbt sie mit ihrem mächtigen Arm, dem IJ, dasselbe Land rückwärtig ab. Zwischen See und See liegt eine Einöde von Beinahe-Inseln und salzigen Wiesen, ewig der Willkür des Wassers ausgesetzt, geschützt von kümmerlichen Deichen, zwischen denen Ried und Unkraut niedergebrannt wurden, um das Land bebauen zu können. Eine menschenarme Gegend, in der ein Volk von Wassermenschen, von Bauern und Fischern lebt, zwischen den Strömen, dem Schlick und den Wasserläufen, an den Flußufern, auf dem »hohen Land«, ständig vom ansteigenden Meeresspiegel, vom Absacken des Torfmoores, von Stürmen und Fluten bedrängt.

Auf diese Weise entsteht nicht nur ein Land, sondern auch ein Menschenschlag, ein Volk, das seinen Boden nicht einfach vorfand oder erhielt, sondern sich selbst geschaffen hat. Mit querfeldein errichteten Torfwällen erwehren sich die Bauern des Saugens und Gierens der See, des unaufhörlichen Anbrandens. Überall in den Niederungen legen die Bewohner Dämme gegen das steigende Wasser aus dem Osten an, bauen Häuser aus Lehm, Schilf und Holz und leiten über die ersten Schleusen das nunmehr gezähmte Wasser zurück in die See, die stets wiederkehren wird. Um zu überleben, dürfen sie den Dingen niemals ihren Lauf lassen; jeder Weiler organisiert sich zum gemeinschaftlichen Kampf gegen den Ansturm des feindlichen Wassers. Das Land unter dem weiten, wetterwendischen Himmel ist morastig und leicht verletzbar, die einzigen Höhen sind die Dünen im Westen: die niederländischen Berge. Vor ihnen See, hinter ihnen See: Noordzee, Zuiderzee. Ein

Wo in den so treffend genannten Niederlanden Torf abgebaut wurde, entstanden Seen, blasse Spiegel, über die die Vögel ziehen und in deren Umkreis reetgedeckte Bauernhöfe liegen (vorangehende Seiten). Unter dem schier endlosen Himmel erstreckt sich die gewaltige Zuiderzee. Befährt man die schnurgeraden Straßen und Wege oberhalb des Meeresspiegels, dann erinnert man sich zwangsläufig an das stolze niederländische Sprichwort, daß Gott die Erde schuf, die Holländer aber Holland (gegenüber). Immer wieder lenken Möwen die Aufmerksamkeit auf sich und erinnern daran, daß die Niederlande die Heimat vieler Vogelarten sind. Überall stößt man auf die vertrauten Erscheinungen von Seeschwalbe, Mantelmöwe, Fischreiher oder Wildente (oben).

Fluß zieht seine Bahn durch das Amstelland. Es sind die Grafen von Holland und die Bischöfe von Utrecht, die sich dieses nasse, unsichere Moorland in einem entlegenen Winkel des Niederlothringischen Reiches streitig machen. *Stelle:* geschützter Platz. *Ame:* Wasser. Dieser Fluß windet sich um das »hohe Land«, tanzt und schlingert durch ein Terrain, das nach geraden Linien ruft, nimmt sich aus wie ein träger Barockschnörkel. Dort, wo er in die Zuiderzee mündet, heißt der Meeresarm IJ, und am IJ erfindet der Fluß eine Stadt, eine Stadt am Wasser. Jetzt kann das Spiel beginnen.

Der Fluß drückt der Küstenregion gleich einem Siegel sein Zeichen auf, schreibt seine Form hinein wie ein gelernter Kalligraph. Wer es einmal gesehen hat, dem geht es nicht mehr aus dem Sinn: Der Grundriß von Amsterdam ist im Lauf der Jahrhunderte ein immer komplizierteres Zeichen geworden, ein chinesisches Ideogramm, das immer umfangreicher wurde und doch stets dasselbe beschrieb. Das Land ist Papier, das Wasser Tinte. Wie ein asiatischer Meister setzte der Fluß den ersten Strich, mühelos, treffsicher, ein Zeichen von äußerster Einfachheit. Nun ist es an den Menschen weiterzuschreiben. Der Kalligraph, den sie gemeinsam darstellen, hat Zeit, wenigstens achthundert Jahre, und das Zeichen, das entsteht, ist ein geordnetes Labyrinth von konzentrisch verlaufenden, einander schneidenden Grachten, ein Netz von Wasserstraßen und Verteidigungsanlagen, ein in sich geschlossener Kosmos, ein magischer Halbkreis, der der Welt seinen Stempel aufdrücken wird. Hauptachse bleibt der Fluß und das Wasser, in das er mündet und das die Stadt mit der Welt verbindet, aber zwischen und an diesem Wasser nimmt die Stadt die Gestalt an, die sie noch heute hat. Jeder neue Strich in der Zeichnung ist Geschichte – der Politik, der Wirtschaft, des Katasters. Jede Pinselbewegung des Kalligraphen wird diktiert von

Machtverhältnissen, von Kriegen, ökonomischen Verschiebungen, Entdeckungen, Profitstreben, Verteidigung, Konsolidierung. Die Grachtenringe an der Meeresküste wachsen zu einer der mächtigsten Festungen in Europa heran; die Schiffe, die aus der Stadt auslaufen und erst nach Jahren zurückkehren, fahren bis ans Ende der bekannten Welt, tragen Namen und Ruhm der Stadt bis in die Tropen und ins grimmige Eis der Polarsee, und so schreiben sie weiter an dem verschlungenen Zeichen.

Denn woraus besteht eine Stadt? Aus alldem, was in ihr gesagt, geträumt, zerstört, getan wird. Das Erbaute, das Versunkene. Das Lebendige und das Tote. Die Holzhäuser, abgerissen oder verbrannt, die Paläste, die hier hätten stehen können, die Brücke über das IJ, die zwar

Saftige, grasgrüne Weiten und schmale Kanäle, die das Weideland durchschneiden und unter endlosem Himmel ihr graublaues, silbriges Netz spannen (rechts), und die malerische Flußlandschaft des Zaan, an dessen Ufern verschlafene Fischerdörfer mit ihren typischen Holzhäusern liegen (links). Hier, in dieser Gegend, machte Zar Peter der Große inkognito eine Lehre als Schiffszimmermann.

Die Zuiderzee, über die Jahrhunderte hindurch aus dem Wasser unzähliger Flüsse und Bäche gespeist, war die Wiege von Amsterdam. Von ihren Ufern aus wurden die Schiffe gemalt, die zu den beliebtesten Themen der niederländischen Malerei gehörten. Durch den 1932 fertiggestellten Abschlußdeich – eine Großtat niederländischer Ingenieurkunst – ist das Meer zu einem riesigen Binnengewässer geworden, dem IJsselmeer. Muiden, ein kleiner Fischerei- und Ausflugshafen an der Vecht-Mündung, kann auf eine achthundertjährige Geschichte zurückblicken (folgende Doppelseite).

Wasser in verschiedenen Erscheinungsformen: Eis, Schnee, Dunst ... Im Winter offenbart sich die Landschaft in einer pittoresken Klarheit und Reinheit. Traditionen haben sich überliefert, und wie auf alten Gemälden, denen von Averkamp zum Beispiel, sieht man noch heute Schlittschuhläufer über zugefrorene Seen und Kanäle gleiten. Und manchmal verdichtet sich die erstarrte Silhouette eines Fischreihers zu einer geheimnisvollen Hieroglyphe.

geplant, aber nie errichtet wurde. Die Häuser, die noch stehen, und in denen Generationen ihre Erinnerungen hinterlegt haben. Aber da ist noch viel mehr. Eine Stadt, das sind all die Worte, die dort je gesprochen wurden, ein unaufhörliches, nie verstummendes Gemurmel, Geflüster, Gesinge und Geschrei, das die Jahrhunderte hindurch erklang und wieder verhallte. Mag es auch noch so spurlos verschwunden sein, es hat doch zu ihr gehört; auch was sich nicht mehr nachhalten läßt, ist Teil von ihr, weil es hier, an dieser Stelle, gerufen oder gesagt wurde, im Laufe einer Winternacht oder eines Sommerabends. Die Predigt auf dem Acker, der Urteilsspruch des königlichen Amtmannes, der Schrei des Gegeißelten, die Gebote auf der Versteigerung, die Verordnung, der Aushang, die Kundgebung, die Streitschrift, die Todesanzeige, das Ausrufen der Zeit, die Worte der Nonnen, Huren, Könige, Regenten, Maler, Henker, Fährmänner, Schiffer, Landsknechte, Schleusenwärter und Baumeister, dieses ununterbrochene Gespräch an den Grachten, im lebendigen Leib der Stadt – das alles ist die Stadt selbst. Wer will, kann es hören. Es lebt fort in Archiven, Gedichten, Straßennamen, geflügelten Worten und im Charakter der Sprache, so wie die Gesichter der Gemälde von Frans Hals und Rembrandt fortleben in den Gesichtern, die wir um uns herum sehen, so wie auch unsere Wörter und unsere Gesichter verschwinden werden unter all den Wörtern und Gesichtern, erinnert oder nicht, verweht, vergessen und doch immer anwesend, einbezogen in das eine Wort, das der Stadt den Namen gibt: Amsterdam. Im siebzehnten Jahrhundert stirbt auf Ambon ein Matrose an Skorbut und ihm erscheint ein letztes Mal die Stadt, aus der er kam und die ihm fortan auf immer unerreichbar sein wird. Was er in jenem Moment gesehen hat, existiert noch immer, zeigt sich, wenn ich meinen Blick auf den Schreierstoren richte, den

Eine Stadt der Spiegelungen, fest und ungreifbar, wohin man blickt geschichtsträchtige Zeichen – zum Beispiel die Fassadensteine an den Giebeln der Häuser, die sich im impressionistischen Gekräusel der Kanäle verflüchtigen, diesem Geflakker von Farben, Licht und Wasser, das an die wirbelnden Pinselhiebe van Goghs erinnert.

Turm der Wehklagenden, wo die Seemänner von ihren Frauen Abschied nahmen. Die Stadt ist ein offenes Buch, der Spaziergänger sein Leser. Er kann auf jeder beliebigen Seite beginnen, vor- und zurückgehen in Zeit und Raum. Das Buch mag irgendwo einen Anfang haben, aber es hat noch lange kein Ende. Seine Wörter sind die verzierten Türstürze, die Baugruben, Namen, Jahreszahlen, Statuen. Ein Haus heißt Pelikaan und möchte von langen Reisen erzählen. Ein anderes heißt Spitsbergen und erinnert an einen Winteraufenthalt im Eis. Eine Straße heißt Bokkinghangen, und ohne wirklich etwas zu riechen, nimmt man den Geruch geräucherter Heringe wahr. Ein Türsturz verspricht eine »Gouden Poort«, die Tür darunter aber ist modern, und der Spaziergänger setzt in Gedan-

Im siebzehnten Jahrhundert, dem Goldenen Jahrhundert, zählte Amsterdam wegen der aus aller Welt angehäuften Reichtümer zu den wohlhabendsten Städten. Amsterdamer Kaufleute waren sicher nicht typische Vertreter barokken Denkens, und so stellt dieses Patrizierhaus an der Keizersgracht eine jener Ausnahmen dar, die die Regel bestätigen (links).

Unweit der großen Grachten, die im siebzehnten Jahrhundert, als die Stadt auf dem Höhepunkt ihrer Macht stand, angelegt wurden, entfaltet sich ein Geflecht von kleinen Seitenkanälen mit Blumen- und Baumnamen, an denen einst Handwerker und Seeleute wohnten. Jordaan heißt dieses Viertel, offenbar dem französischen »jardin« nachempfunden. Die Bloemgracht ist einer der Kanäle des Jordaan (rechts).

Vertraute Ansichten des magischen Kosmos Amsterdam: Wasserstraßen, gleich aufgeschlagenen Memoiren der Stadt, bauchige, behäbige Kähne im Schatten der Ulmen, Passanten, die stets ein wenig gedankenverloren dreinschauen, als hingen sie, wie einst Rembrandt auf seinen Spaziergängen, ihren Träumen nach, Träumen, die dieses Wasser erweckt, das die Ströme des Ozeans hineinträgt ins gedämpfte Stimmengewirr der Stadt. Wer richtig hinsieht, wird das »Venedig des Nordens« entdecken.

ken wieder die goldene Tür ein, die sich hier einmal befunden haben muß. Es ist keine schweigende Stadt, sie ist redselig, teilt sich unaufhörlich mit: Melkmeisjesbruggetje, »Milchmädchenbrückchen«, Varkenssluis, »Schweineschleuse«, Kalverstraat, »Kälberstraße«, und mit einem Mal beginnt der Spaziergänger zu sehen, was er aus der Geschichte weiß: daß in dieser Straße Kälber verkauft wurden, ein Stückchen weiter Ochsen, und ganz am Ende Schafe. Das schmale Gäßchen Gebed zonder End, »Endloses Gebet«, verdankt seinen Spottnamen einem Amsterdamer und seiner Überzeugung, daß sich zu viele Frauenklöster in der Innenstadt befanden. So riß denn das Gebet nie ab, und im Straßennamen klingen noch heute die Töne des gregorianischen Gesangs und die hellen, hohen Frauenstimmen nach. Der Vijgendam, »Feigendamm«, wurde so benannt, weil man hier eine Ladung Feigen, die von den Zunftgenossen nicht abgenommen wurde, in den Kanal schüttete. An einer Baugrube bleibt der Spaziergänger stehen und sieht, wie Archäologen den Boden sieben, ihn durchkämmen, mit behutsamen Fingern nach der Vergangenheit graben, um irgendwelche Zeichen der Vorfahren zu finden. Ihn verwundert, daß sie so viel tiefer lebten. Hat denn das Land im Alter immer

Wie Klammern spannen sich unzählige Brücken in Bogen über das Grachtennetz der Stadt. In der Wiederholung, der Ähnlichkeit des immer Wiederkehrenden, liegt ein bezwingender Charme.

mehr zugelegt? Er fragt sich, ob er die anderen Amsterdamer, die von früher, wohl verstanden hätte. Später sieht er die Fundstücke in einem Museum – Schuhe, deutlich zu erkennen, die er so tragen könnte, wie sie sind. Schuhe, Schüsseln, Hämmer, Geld. Aber die Vergangenheit liegt nicht nur zu unseren Füßen, sie findet sich auch über unseren Köpfen, in den Häusergiebeln mit ihren Darstellungen von Walfischbarten, Indianern, Wahrzeichen, Handelswaren, Sklaven und Schiffen. In jenen Tagen hatte offenbar jeder mit Schiffen zu tun; das Wasser war das alles bestimmende Element, dasselbe Wasser, das noch immer, dunkel und geheimnisvoll, in den Grachten steht und außerhalb der Stadt so viel wilder und grauer ist, das Wasser der Weltmeere, über das die Schiffe gefahren kamen, ehe sie, »ein Wald von tausend Masten«, vor der Stadt vor Anker gingen. Auf der alten Karte des Cornelis Antonisz. von 1544 kann man sehen, wie die Stadt mit ihren Schiffen daliegt. Noch durchschneiden nur wenige Grachten das Gebiet innerhalb der Stadtmauern. Noch ist die Blütezeit, das Goldene Jahrhundert, nicht angebrochen, aber auf dem IJ drängen sich schon die Masten. Dort, wo später der Hauptbahnhof sein wird, können kleinere Boote in die Stadt einfahren, während die größeren zu Dutzenden auf Reede liegen. Die beiden großen Kirchen, zu jeder Seite des Beckens eine, sind weich eingebettet zwischen den Häusern, wo sie noch heute stehen. Der breite Wasserlauf des Damrak reicht bis zu der Stelle, wo sich heute der Königliche Palast befindet, und teilt die kleine Stadt in zwei Hälften, eine »alte« und eine »neue«. Der Spaziergänger erkennt die Bauwerke wieder, die Zeichnung der Straßen. Die Stadt hat sich ihm erhalten, er läuft täglich durch sie hindurch; dort, wo im siebzehnten Jahrhundert sein Haus gebaut wird, steht jetzt noch eine rote Mühle aus Holz; grüne Wiesen umgeben die Stadt, die von Kanal zu Kanal wei-

In Amsterdam ist jeder Pflasterstein Geschichte. Aber die Vergangenheit liegt nicht nur zu unseren Füßen, sie offenbart sich auch in den Häuserfassaden mit ihren in Stein gemeißelten Emblemen, den Wahrzeichen der Handwerksberufe, wie zum Beispiel dieses Emblem auf über zweihundert Jahre Kunsthandwerk im Jordaan-Viertel verweist: ein traditioneller Bauernstuhl und ein eleganter französischer Stuhl (unten).

Ende des achtzehnten Jahrhunderts lagen im Amsterdamer Hafen mehr als 2500 Transportschiffe, die Europa mit exotischen Importwaren aus aller Welt und anderen Erzeugnissen versorgten. Wenn man heute zwischen den Kais und Schiffsbrücken – wie dieser am Oosterdok – die Augen schließt, glaubt man den Wind in den Takelagen und das Treiben beim Löschen der Ladung zu vernehmen (rechts).

terspringt und so auf jeder neuen Karte beständig größer wird. Größer, weil Ruhm und Reichtum mit den Schiffen der Handelsgesellschaften wachsen. Zunächst kündet die Herengracht von der Macht der Kaufleute, danach kommen Kaiser (Keizersgracht) und Prinzen (Prinsengracht). Und die anderen, die kleineren Grachten mit Baum- und Blumennamen, Lilie, Hagebutte, Rose und Lorbeer, zwischen denen in einem Viertel mit Namen Jordaan das einfache Volk lebte, die Schiffszimmerleute, die Lastenträger, die Matrosen, die Männer mit den lauten Stimmen, die den Geruch der weiten Welt in die schmalen Gassen brachten.

Grau ist es heute, diesig. Wenn der Spaziergänger die Augen schließt, hört er den Wind in der Takelage all der Schiffe, Karavellen, Fregatten, Galeonen, Brigantinen und Briggs; er riecht die Gewürze, er hört die vielen fremden Sprachen derer, die in seiner Stadt Zuflucht suchten, portugiesische und spanische Juden, Hugenotten, flämische Calvinisten, aber auch ein paar Einzelgänger wie Descartes, der zwischen den rollenden Fässern auf den Kais so gut meditieren konnte, oder ein einfacher Besucher wie Diderot, der über »diese Freiheit, die Gefährtin der Unabhängigkeit, die sich allein dem Gesetz beugt«, staunte. Das Flanieren hat kein Ende, und der Spaziergänger liest in den Bildern, die vor sein geistiges Auge treten: die Schlittschuhläufer auf den Grachten von Avercamp, die mittelalterlichen Prozessionen wegen des »Wunders von Amsterdam«, die neuen Palastbauten der Sklavenhändler, die Sklavenhändler selbst, die in den schmucklosen, vom Bildersturm allen Zierats entkleideten Kirchen, wie wir sie aus den Bildern von Saenredam kennen, ihre feierlichen Psalmen aufsagen. Aber er sieht auch die auf Dachböden versteckten »Kirchen« der verfolgten Katholiken, das erhängte Mädchen, das Rembrandt gezeichnet hat, den Dichter Bredero, der unter dem Eis ertrinkt, den Tod von

Amsterdam sieht noch heute so aus wie im siebzehnten und achtzehnten Jahrhundert. Die Häuser mit ihren verwitterten Backsteinen scheinen auf geheimnisvolle Weise auf das allgegenwärtige Wasser eingestimmt, so wie diese längs der Amstel (oben), jener mächtigen, von Schleusen gezähmten und von breiten Brücken überquerten Wasserader, der Hauptachse der Stadt.

Wo die historischen Häuser nahtlos, ohne Kai, ans Wasser stoßen, ist die Ähnlichkeit Amsterdams mit Venedig am größten. Zu dieser unvermittelten Berührung mit dem Wasser kommt es nur an wenigen Stellen in der Stadt (gegenüber).

Hendrickje und die Auflösung von Rembrandts kostbarer Sammlung, den Aufstand der Wiedertäufer und ihre Bestrafung, den Hang zum Prunk, die kalte Geldgier, die Last des Reichtums, das Bejubeln eigener oder ausländischer Könige, den Aufmarsch spanischer, französischer und deutscher Besatzer, und so holt er sich selbst und seine Zeit ein, die Zeit der Verfolgung der Juden, in jenen Tagen, als die Stadt für immer verstümmelt wurde, so gelangt er zu den Stellen, wo die Widerstandskämpfer gefoltert oder erschossen wurden und die Kanadier bei der Befreiung einmarschierten; gedrängte Geschichte mit immer neuen Schichten, die die Stadt aufgesogen und bewahrt hat, die in Denkmälern überdauert, auf kleinen, fast unsichtbaren Gedenktafeln und in der Erinnerung der Lebenden, die Worte der Erniedrigung und der Niederlage ebenso wie das Triumphgeschrei alter und neuer Siege, eine Moral, ein Gedächtnis.

Es wird Abend in der Stadt. Das Licht aus den Zimmern der Grachtenhäuser läßt alles kleiner, heimeliger erscheinen. Sanfte Melancholie der Hafenstädte, in denen immer ein Hauch von Heimweh in der Luft liegt. Ich, der Spaziergänger, komme am Dampalast vorbei, der einst, als er gebaut wurde, die übrige Stadt so hoch überragte. Auf mehr als dreizehntausend Pfählen steht er, auf immer noch demselben morastigen Boden, dem des Anbeginns, dem der Amestelle. Als kleiner Junge sah ich dort 1948 die »alte Königin« nach fünfzig Jahren Regierungszeit abdanken. Wo jetzt die breiten Straßen entlanglaufen und plötzlich eine späte Straßenbahn auftaucht, lagen einmal die Schiffe im Herzen der Stadt. Ich kenne den Standort der alten und neuen Börse, den der Stadtwaage und den des Fischmarktes, ich weiß, wo die zum Tode Verurteilten gerädert wurden und wo man ums Korn feilschte. Jetzt gehe ich an den Grachten entlang, wo die Dichter flanierten, die in meiner

Coffeeshop
RISTORANTE

Geheimsprache schrieben, die kein Ausländer lesen kann, Hooft, Vondel, Bredero, Hoornik, Slauerhoff. Ich gehe an den Patrizierpalästen entlang, die nun Büros sind, entlang an den Handelshäusern des versunkenen Reiches, ich entdecke auf einem Giebel das geniale Emblem der Vereinigten Ostindischen Compagnie, und in den dunklen, geduckten Straßenzügen des Jordaan schlendere ich vorbei an den Häusern der Namenlosen, ohne die das versunkene Weltreich nicht hätte bestehen können. Nichts ist gleichgeblieben, und doch hat sich nichts verändert. Es ist meine Stadt, ein Zeichen für Eingeweihte. Nie wird sie sich dem Fremden ganz preisgeben, der ihre Sprache und Geschichte nicht kennt, denn die Sprache und die Namen sind es, die die geheimen Stimmungen, geheimen Orte, geheimen Erinnerungen bewahren. Offene Stadt, geschlossene Stadt. Eine Stadt für uns, eine andere für die anderen. Eine Stadt am Wasser, eine Stadt der Menschen, durch Menschen und Wasser erdacht und geschrieben. Eine Stadt mit vielen Zeiten und eine Stadt in der Zeit. Eine Stadt, die es zweimal gibt, einmal sichtbar und einmal unsichtbar, eine Stadt aus Stein, Holz, Wasser und Glas und aus noch etwas anderem, das kein Wort benennen kann.

Abenddämmerung, die Stunde, in der die Fensterkarees im warmen Licht der Sonne leuchten. Abendliche Stille, letzter Goldschimmer der Sonne, ein fast ländlicher Friede mitten im Herzen der ruhigen Stadt (rechts).

Man muß sie einfach bewundern, die Eleganz dieser Hand auf dem Fassadenstein eines »hofje« im Jordaan, vielleicht die eines Stadtschreibers aus dem siebzehnten Jahrhundert? Zu den Reizen Amsterdams gehört auch das stillschweigende Einverständnis von Vergangenheit und Gegenwart, auf das man beim Flanieren immer wieder stößt (unten).

123

Die Sprache des Backsteins

Keine Freitreppe, keine Backsteinfassade, keine Schwelle, die nicht ihre eigene Anekdote bereithielte. Die Patrizierhäuser an den Grachten können auf eine lange, abwechslungsreiche Geschichte zurückblicken, ihre Giebel haben viel zu erzählen – man muß sie nur fragen. Auch in den »hofjes«, diesen pittoresken Oasen des Friedens und der Intimität, raunt sanft die Stimme der Vergangenheit. Und: Lauschen wir der lyrischen Sprache der unvergleichlichen Backsteinarchitektur der Amsterdamer Schule.

Von Max van Rooy

Es gibt moderne Architekten, die planen Bauwerke erklärtermaßen in Form von »Statements«, von Manifesten. Im bekanntlich nüchternen Holland, dessen Bewohner man auch »das Volk Calvins« genannt hat, gibt es auf dergleichen hochtrabende Absichtserklärungen nur eine Reaktion: »Ihre Konstruktion taugt nichts: Glauben Sie vielleicht, in einem Manifest könnte man wohnen?« Ein Manifest ist eine flache, zweidimensionale Zeichnung, vielleicht fürs Hochglanzpapier eines Fachmagazins geeignet, aber doch nicht als wohnlicher Lebensbereich. In der Geschichte jedoch läßt es sich gut wohnen. So wenigstens erfahre ich mein Leben in Amsterdam. Ich befinde mich in dieser Stadt auf historischem Grund, und dieses Bewußtsein, genährt von unerschöpflicher Neugier auf die geschichtlichen Hintergründe dieser nicht sonderlich großen, aber kulturreichen Metropole, macht mich zu einem ständig erstaunten, also glücklichen Bewohner.

Mein Haus steht im ältesten Teil der Innenstadt. Die Umrisse seiner schmalen, nicht sehr hohen Fassade erinnern an eine stark vereinfachte Nachbildung von Michelangelos Porta Pia in Rom. Es fehlt zwar der Reichtum barocker Ornamentik, der das Tor im Osten von Rom ziert. Aber die vollkommen symmetrische Fassadengliederung mit den seitlichen, von dreieckigem Giebel gekrönten Pilastern – eine Porta Pia, wie von einem Kind nachgeahmt – genügt schon, um das Bild dieses Baudenkmals heraufzubeschwören. An Stelle der Schrifttafel und der Girlande befindet sich ein ehrwürdiger Amsterdamer Hebebalken, und anstatt der Menschenmaske gewahrt man ein zierliches Oberlicht, eines dieser kunstvoll verzierten Fenster über der Vordertür, wie man sie an den meisten alten Fassaden von Amsterdam antrifft. Durch das dünne, grüngetönte Glas dringt das von Norden einfallende Licht feingestreut nach innen. Es ist das Licht der Maler, das sich

Die beiden Häuser an der Keizersgracht (vorangehende Seiten) stammen aus dem siebzehnten Jahrhundert. Das rechte, frühes siebzehntes, wurde im letzten Jahrhundert umgebaut. Aufgrund der pausenlosen Umbautätigkeit an den Grachtenhäusern läßt sich die Sozialgeschichte der Stadt somit auch an der Architektur ablesen.

Symmetrische Fassaden sind bei historischen Bauten selten (oben). Die Fensterkonstruktion läßt darauf schließen, daß das Gebäude im achtzehnten Jahrhundert gebaut wurde. Denn um 1700 wurden die alten Fensterkreuze von waagerecht verstellbaren Schiebefenstern abgelöst.

Die Linie des Horizonts (gegenüber) verläuft ebenmäßig und sanft, nur die Glockentürme von Hendrick de Keyser strecken ihre Finger in den Himmel. Unten Hausboote – ruhende Pole im Amsterdamer Stadtbild.

bei Rembrandt und Vermeer findet und das ebenso berühmt ist wie der Wolkenhimmel, der die Stadt in immer neue Stimmungen taucht.

Es ist halb sechs am Nachmittag, und nach einem stürmischen, von Windböen gepeitschten Tag bricht die untergehende Wintersonne durch. Voller Bewunderung halte ich auf der Halvemaansbrug inne, die über die Amstel zum Kloveniersburgwal führt. Der Stadtprospekt erstrahlt im Rampenlicht, und es offenbart sich eine Schönheit, die mich erschauern läßt. Die Hauptfarben sind Gold, Rot, Weiß und Grau. Das Hôtel de l'Europe steht in sengender Glut. Die Umrisse des Munttoren verschwinden nahezu in den goldenen Strahlen eines dramatisch geflammten Wolkenhimmels. Und tatsächlich, über dem Waterlooplein wölbt sich glasklar ein lückenloser Regenbogen, im Mittelpunkt der weiße Marmor der Oper. Selbst unter diesem gewaltigen optischen Eindruck, der sich den Kategorien von Schön und Häßlich entzieht, bleibe ich bei meiner Überzeugung, daß der rote Backsteinaufbau, der die Schnürböden birgt, eigentlich weiß sein müßte. Das hätte dem Regenbogen gewiß gefallen, denke ich, aber Architektur ist arrogant und hört nicht auf andere. Das sieht man an ihrem Glanz wie an ihrem Elend, an der Börse von H. P. Berlage auf dem Damrak wie an dem fürchterlichen Ungetüm der Nederlandse Bank, das den Frederiksplein verschandelt. An dieser Stelle hat einst die holländische Version des Londoner Chrystal Palace gestanden, der aus Eisen und Glas erbaute Paleis van Volkvlijt (Gewerbepalast), der 1928 durch einen Brand verwüstet wurde und nach dem man sich seither wehmütig zurücksehnt.

Jetzt erlischt das trügerische Licht. Der Regenbogen schwindet, und die Gebäude kehren zurück in ihre ursprüngliche Wirklichkeit und Umgebung. Die Feuersbrunst des Hôtel de l'Europe sinkt in sich zusammen, und übrig bleibt

eine romantisch-klassizistische Zuckertorte, die man 1895 mit viel Gefühl für kosmopolitische Selbstdarstellung an der Stelle einer Rotunde errichtete, in der ein Zimmermann und ein Artilleriehauptmann gewohnt hatten. Der Helm des pittoresken Munttoren, den ihm im Jahre 1619 Hendrick de Keyser aufgesetzt hatte, Amsterdams berühmtester und prägendster Stadtbaumeister des siebzehnten Jahrhunderts, bekommt wieder Kontur, und nun sehe ich auch die Kabel mit den bunten Glühlampen, die gleich, sobald es dunkler geworden ist, rund um das etwas deplazierte kleine Baudenkmal gesellige Feierstimmung verbreiten sollen. Die eben noch so strahlende Oper (Muziektheater) zeigt jetzt Züge mürrischer Verdrossenheit. Die »Stopera«, wie der Volksmund den Gebäudekomplex von Oper und Rathaus (Stadhuis) nennt, hat eine der langwierigsten und umstrittensten Planungen in der Geschichte Amsterdams hinter sich und wurde letztlich von Cees Dam und dem Wiener Architekten Wilhelm Holzbauer entworfen und 1986 eingeweiht. »Ihr müßt euch immer noch an mich gewöhnen, aber ich selber auch«, raunt dieser hybride Komplex, der vor ein paar Augenblicken, unter dem Regenbogen, noch keine Spur von Zurückhaltung spüren ließ.

Das Wasser, die Grachten, die Bäume an ihren Ufern und die »Amsterdammertjes« – kleine rotbraune Eisenpfosten, die die Autos von den Gehsteigen fernhalten sollen – dies sind die bestimmenden Elemente für die Geruhsamkeit einer Amsterdamer Morgenstimmung (oben und rechts).

Die Marmorplatten an der Fassade des Muziektheater (»Stopera«) spiegeln sich in den sanften Wellen der Amstel. Vor dem Krieg war das Inselchen mitten in der Stadt die Domäne jüdischer Straßenhändler. Nach dem Krieg – und der Deportation zahlreicher Juden durch die deutsche Besatzungsmacht – bezog der Antiquitätenmarkt den Waterlooplein (links).

Das also ist das wahre Angesicht des Hôtel de l'Europe, des Munttoren, der »Stopera«. Was ich da gerade sah, waren Abbildungen, Aufnahmen von Bauten, die ein eigenartiges Licht projiziert und für einen Augenblick aus ihrer Umgebung herausgerissen hatte. Eben noch vermochte ich also einen Blick auf die Vorstellung von Amsterdam zu werfen, wie sie im Kopf eines Fremden besteht, der die Stadt noch nicht mit eigenen Augen gesehen hat: Bauwerke ohne ihre wirklichen Proportionen, ohne zuweisbaren Standort, an Gehsteigen und Straßen ohne Abmessungen.

Welche Amsterdamer Gebäude sehen ihren Abbildungen am ähnlichsten? Anders gefragt, wie wahrheitsgetreu sind Außenaufnahmen? Ich glaube, am meisten gleichen die ältesten und die jüngsten Wohnbauten ihren Fotografien. Einerseits also die Grachtenhäuser des siebzehnten und achtzehnten Jahrhunderts, die unter der Last ihrer Geschichte schier zusammenbrechen und den pittoresken Charakter Amsterdams weltweit bis zum Klischee geprägt haben. Andererseits die Häuser, die im Rahmen der Stadterneuerung seit Ende der sechziger Jahre entstanden sind – die Häuser ohne Geschichte. Beispiele für diese zweite Kategorie finden sich im Gebiet zwischen Nieuwmarkt und Rembrandthaus in der Jodenbreestraat. Objekt und Abbildung weichen hier kaum voneinander ab, weil die Anordnung der Maueröffnungen, die Fassadengliederung und die Schmuckelemente, beispielsweise kleine Balkons, auf das Grundmuster des menschlichen Maßes zurückzuführen sind, über das wir nicht zu rätseln brauchen, denn das ist uns vertraut. Die Patrizierbauten an den Grachten dagegen sind ihren Abbildungen so ähnlich, weil ihre Vordertür, mit oder ohne Freitreppe, fast immer das Hauptelement der Fassade bildet und die Grachten für gewöhnlich mit Bäumen bepflanzt sind. Das sind zwei Anhaltspunkte – wenn man noch die

Das »Dreigrachtenhaus« darf sich als einziges so nennen (rechts). Es liegt am Oudezijds Achterburgwal, am Oudezijds Voorburgwal und am Grimburgwal. Das 1610 von Claes Adriaans entworfene Haus beherbergte jahrhundertelang die verschiedensten Amsterdamer Geschlechter.

Viele Häuser des siebzehnten Jahrhunderts blikken mit ihrem Ochsenauge, das im allgemeinen von Sandstein eingefaßt ist, auf die Passanten herab. Dieses hier sitzt unter einem dreieckigen Giebel (unten).

Höhe der Treppenstufen einbezieht, sogar drei –, die allzu große Abweichungen zwischen Bild und Wirklichkeit verhindern.

Aber das ist nur einer von zwei Gründen, warum die Amsterdamer Grachten niemals enttäuschen. Der erste rührt natürlich aus der inneren Schönheit der Kanäle selbst, aus der Architektur der majestätischen Häuser des Goldenen Jahrhunderts mit ihrer individuellen Geschichte, die ihnen Charakter und Tiefe von Lebewesen verleiht – wohlhabende Lebewesen zumeist, mitunter sogar in üppigem Reichtum schwelgend. Und, seien wir ehrlich, die Vergangenheit solcher Wesen erweckt doch in uns eine ganz andere Neugier als die Geschichte eines rührend schlichten Tagelöhnerhäuschens im malerischen Arbeiterviertel Jordaan. Das ist eben der entscheidende Unterschied zwischen der Sublimierung des Neides auf so viel unergründlichen Reichtum und der Durchführung einer soziologischen Studie.

Die Entwicklung des kaufmännischen Wohlstandes von Amsterdam – ohne den die Stadt natürlich eine völlig andere Gestalt angenommen hätte – kommt mir immer noch vor wie ein unglaubliches Märchen. Sie muß hier erwähnt werden, denn sie hat die Kulturgeschichte und damit das Aussehen der Stadt wesentlich mitbestimmt.

Mitte des dreizehnten Jahrhunderts ließ sich ein Grüppchen von Siedlern aus Waterland und Westfriesland am Ufer des IJ an der Amstelmündung nieder. Sie lebten von Viehzucht, Fischfang und Seefahrt und waren mit dem Element Wasser eng vertraut. In der Amstel wurde ein Damm angelegt, so daß ein breites Hafenbecken entstand, der Damrak. Dank des Hafens und der See- und Handelstüchtigkeit der Amsterdamer, der Phönizier des Nordens, wuchs die bescheidene Siedlung an der Amstel rasch heran und kam zu Macht und Reichtum. Zu Beginn wurde der meiste Gewinn durch den

Ein Ochsenauge, das den Spaziergänger zu beobachten scheint und hinter dem sich eine Dachkammer oder ein schattiger Speicher verbirgt (oben).

Wenn man auf historische Details achtet, entdeckt man eine unerschöpfliche Quelle architektonischer Poesie. Dieses Haus an der Keizersgracht 123 (gegenüber) zeigt eine der bemerkenswertesten Doppelfassaden von Amsterdam. Erbaut wurde es 1622, wahrscheinlich vom Sohn Hendrick de Keysers. Die sechs Köpfe, die die Fassade schmücken, stellen Gottheiten aus dem klassischen Pantheon dar. Hier haben zahlreiche vermögende Bewohner gelebt. Seit 1983 ist es der Sitz der städtischen Behörde für Denkmalpflege.

Ostseeverkehr, den »Mutterhandel«, eingefahren. Zur Erschließung einer zweiten und, wie sich erwies, unerschöpflichen Quelle des Handels, nämlich Niederländisch-Indien, wurde 1602 die ruhmreiche Vereinigte Ostindische Compagnie gegründet und damit das Goldene Jahrhundert eingeläutet. 1621 folgte die Westindische Compagnie, die den Alleinhandel mit der gesamten amerikanischen Ostküste für sich beanspruchte und auch die kleine Handelsniederlassung in Nieuw Amsterdam auf der Insel Manhattan an der Mündung des Flusses Hudson beherrschte. Aus dieser Ansiedlung sollte später New York hervorgehen, und noch heute läßt die Straßenführung der Wall Street den kapriziösen Verlauf der holländischen Kuhpfade erkennen. Amsterdam stieg innerhalb weniger Jahrzehnte zur größten Handelsmetropole des Westens auf. Und die freiheitsliebende Stadt erfuhr ein rasches Bevölkerungswachstum, vornehmlich durch den Zuzug von Fremden. Die aus Antwerpen vertriebenen portugiesischen Juden wurden in die angesehene Kaufmannszunft aufgenommen. Aus Deutschland und Polen geflohene Juden fanden Arbeit in der Tabak- und Diamantenindustrie. Nach der Aufhebung des Edikts von Nantes durch Ludwig XIV. im Jahre 1685 flüchteten die Hugenotten scharenweise in die Vereinigten Niederlande, darunter viele talentierte Industrielle, die von der Stadt Amsterdam mit offenen Armen aufgenommen wurden. Schließlich ließen sich im Verlauf des siebzehnten und achtzehnten Jahrhunderts eine Vielzahl deutscher und skandinavischer Emigranten in Amsterdam nieder.

Dieser kosmopolitische Schmelztiegel, wo Regenten und Kaufleute unvorstellbare Reichtümer anhäuften, machte den »Dreigrachtengürtel« notwendig, der schon 1610 im Rahmen eines Stadterweiterungsplans angelegt wurde. An der Westseite schloß sich ein weitläufiges Terrain an, das für Mittelstand, Arbeiterklasse

1622
123

und Industrie vorgesehen war: Jordaan. Heute ist der Jordaan ein bezauberndes, malerisches Stadtviertel mit alten Häuschen, die unter Denkmalschutz stehen, und modernen, immerhin der Umgebung angepaßten Sozialbauten, die dennoch hie und da den poetischen Rhythmus der Geschichte stören. Ist man auf der Suche nach einer charakteristischen Szenerie für die legendäre holländische »gezelligheit«, so wird man sie hier noch finden, und eine Fülle architektonischer Details obendrein.

Die Wohlhabenden, die einen vornehmen Lebensstil anstrebten, wetteiferten um ein Haus an den Grachten und rechneten es sich zur Ehre, gesellschaftlichen Status und Vermögen (die ja meist miteinander einhergehen) in der Innen- wie Außengestaltung sichtbar werden zu lassen. Doch im Kern besteht die Schönheit des Grachtengürtels weniger in der Fassadenarchitektur als vielmehr im harmonischen Größenverhältnis zwischen Bebauungshöhe, Breite der Kais und Kanäle sowie Standort und Größe der Bäume. So entstanden einzigartige Wasserstraßen, die Zar Peter der Große bei der Planung von Sankt Petersburg imitierte. Es ist in der Tat verblüffend, wie sehr diese russische Stadt, deren Entwurf er hauptsächlich von italienischen Architekten ausführen ließ, Amsterdam gleicht. Es fehlen nur die Bäume. Auf einem Gemälde aus dem Jahre 1685 von Gerrit Adriaensz. Berckheyde sieht man die Biegung der Herengracht, auch als »Gouden Bocht« bekannt, weil hier die schönsten und kostspieligsten Patrizierhäuser stehen, aber noch keinen einzigen Baum: Karg und kahl ragen die Kaimauern auf. Während meiner Spaziergänge in Sankt Petersburg (das damals noch Leningrad hieß) bin ich dieser frühen Darstellung der Herengracht mehrfach wiederbegegnet.

Doch der meistgebrauchte Beiname Amsterdams ist natürlich »Venedig des Nordens«. Dieser Vergleich drängte sich durch die Allgegenwart des Wassers in beiden Städten von Anfang an auf. Als eine der ersten stellte die französische Romanschriftstellerin und »femme galante«, Madame de Villedieu, die der Stadt 1667 einen zehntägigen Besuch abstattete, diesen Vergleich an. Nach den bekannten Gemeinsamkeiten – Wasser und Pfahlbauweise – beschreibt sie auch die Unterschiede: Über die Kanäle von Venedig würden bemalte und vergoldete Gondeln gleiten, die Schiffe auf den Amsterdamer Grachten dagegen seien grau und unansehnlich. Die Straßen bevölkerten »ungehobelte Bürgersleute«, die dem Fremden, wes Standes und Rangs auch immer, durchaus keinen Platz machen wollten, wogegen man – so möchte sie uns glauben machen – in Venedig nur wohlhabende Edelleute antreffe. Schließlich vermerkte sie den Zustrom von Völkern aus aller Welt nach Amsterdam, deren Vielfalt und Buntheit sie an das alte Babylon erinnerte, »kein Perser, kein Armenier, der sich hier nicht zu Hause fühlte wie in seinem eigenen Vaterland«.

In Amsterdam sollte der Spaziergänger es nicht versäumen, den Blick zu heben, denn am Dachfirst spielen sich interessante und unvorhergesehene Szenen ab. Dort oben werden Geschichten erzählt, Legenden inszeniert. Manche Giebel sind bescheiden, ungekünstelt wie diese einfachen Glocken- oder Treppengiebel (oben). Andere sind reich verziert wie der mit Darstellungen von Indianern geschmückte Halsgiebel dieses Hauses mit seiner repräsentativen Fassade am Oudezijds Voorburgwal 187 (gegenüber).

Abgesehen von der Bemerkung über die venezianischen Edelleute sind viele Beobachtungen der Madame de Villedieu auch nach rund dreihundert Jahren noch gültig. Das trifft übrigens auf alle die zahllosen Beschreibungen zu, die im Laufe der Jahrhunderte von der Amsterdamer Innenstadt gegeben wurden. Wie sollte es auch anders sein? Die Physiognomie des Grachtengürtels hat sich im großen und ganzen seit dem Goldenen Jahrhundert nicht verändert. Nur ein paar Kanäle sind zugeschüttet worden. Zahlreiche Gebäude erhielten zwar eine neue Funktion; so wurden etwa die meisten Lagerhäuser zu eleganten – und vielbegehrten – Apartmenthäusern umgewandelt, doch sie verloren dabei nicht ihr charakteristisches Äußeres mit den schweren Holzläden. Durch die behutsame Erhaltung der Grachtenhäuser ist darüber hinaus auch ein Stück Geschichte erhalten geblieben, und in den letzten Jahren

1663
ANNO

hat der Wille zu bewahren deutlich zugenommen. Zu Recht begegnet man den alten Grachtenhäusern heute mit andächtiger Hochachtung. Das Grün der Bäume, das Grün der Herengracht ist vielerorts in der Bemalung der Türen und Fensterflügel zurückgekehrt. Ein Blick durch die hohen Fensterkreuze zeigt, daß man die ursprünglichen Innendekors der Verkleidungen entledigt hat, mit denen sie in den sterilen, glatten fünfziger, sechziger und siebziger Jahren verschandelt worden waren. Die Türen der historischen Häuser haben ihr einstiges Profil wiederbekommen, und der Begriff »veraltet« verlor zunehmend seine vormals negative Bedeutung. Im vergangenen Jahrzehnt hat die Amsterdamer Innenstadt sich vom beschränkten, alles gleichmachenden Stil

In der Amsterdamer Altstadt stößt man immer wieder auf sogenannte »hofjes«. In diesen historischen Höfchen wohnen in der Regel Senioren, doch manche der umgebauten Häuschen bieten auch jüngeren Generationen eine ebenso elegante wie ruhige Wohnlage. Vor allem im Stadtteil Jordaan findet man eine Vielzahl dieser Oasen der Intimität und des Friedens, häufig mit einem Brunnen geschmückt (oben). Der Begijnhof ist das berühmteste und besterhaltene Kleinod dieser kostbaren Sammlung. An der Nr. 34 steht einer der beiden letzten Holzbauten der Stadt, die sich seit dem fünfzehnten Jahrhundert erhalten haben (links). Der andere steht am Zeedijk 1. Der Bau von Holzfassaden wurde 1669 wegen des zu hohen Brandrisikos verboten.

ANNO

Ebensowenig wie man die Geschichte der Stadt, die sich nach einem Fluß (Amstel) und einem Deich (dam) nennt, von der Bedeutung des Wassers trennen kann, ebensowenig sind aus einer Stadt, deren ökonomische Entwicklung und deren Reichtum vom Handel über das Meer und von der Geschäftstüchtigkeit ihrer Bewohner abhing, die Lagerhäuser wegzudenken. Der Stadtplan von Amsterdam weist eine Vielzahl von jahrhundertealten Lagerhäusern aus. Zu erkennen sind sie an ihren rundbogenförmigen Maueröffnungen und ihren wuchtigen Läden aus Holz. Sie tragen Namen, die an fremde Kontinente oder mythologische Figuren erinnern. Erbaut wurden sie in einer Ära des Wohlstands, aber diese Zeiten waren nicht von Dauer: Der Amsterdamer Hafen versandete, die Lagerhäuser leerten sich und die stolzen Bauwerke begannen zu verfallen. Erst lange nach dem zweiten Weltkrieg kam man darauf, daß die Speicherhäuser sich bestens für »alternative« Zwecke eignen: Künstlerateliers, Gewerberäume und komfortable Wohnungen. Heute werden sie vor allem zu Wohnraum umgebaut. Reihenweise verwandeln sich Lagerhäuser in schmucke Apartments mit freiem Blick auf das Wasser und den Himmel von Holland wie hier am Entrepotdok.

des einfallslosen Nachkriegsmodernismus endgültig befreit.

Aber das architektonische Erbe Amsterdams ist nicht allein vom erlauchten Grachtenhausstil des Goldenen Jahrhunderts geprägt. Den Pulsschlag der Geschichte, und ganz besonders der Stadtgeschichte, spürt man auch in der absoluten Stille, die in den vielen alten »hofjes«, den Höfchen, herrscht: Es sind Oasen der Ruhe, umgeben von sich gleichenden, meist mit einem Vorgärtchen versehenen Puppenhäusern. Diese aus privaten oder öffentlichen Stiftungen entstandenen Anlagen von Einzimmerbauten, die sich um einen Innenhof gruppieren und durch ein Portal zu erreichen sind, waren die ersten Alterswohnheime Amsterdams.

Schmuckstück und zugleich ältestes dieser Höfchen ist der Begijnhof zwischen dem Historischen Museum – ehemals Waisenhaus – und dem Spui, einem sozusagen aus Zufall geborenen, verwunschenen Plätzchen von unvergleichlicher Anmut. Der Ursprung des Begijnhof reicht ins vierzehnte Jahrhundert zurück. Im Laufe der Zeit wurden viele dieser Anlagen für bedürftige alte Leute in der ganzen Innenstadt gebaut. Gerade im Jordaan gelangt der Spaziergänger oft unversehens in eine dieser pittoresken Enklaven voller liebevoll gepflegter Pflanzen und Blumen. Dann beschleicht ihn ein freudiges Gefühl und zugleich ein wenig Verlegenheit; er hat den Eindruck, sich auf einem Privatgrundstück zu befinden, obwohl er eigentlich auf öffentlichem Boden steht. Dies ist ein Anzeichen für die einzig richtige Einstellung, der Achtung, die man dem Begijnhof und den anderen

Backstein, Schmiedeeisen und oxydiertes Kupfer sind die Baustoffe, denen die Amsterdamer Architektur der Jahrhundertwende eine ausdrucksvolle Rolle zugedachte: Ein Ausschnitt vom Dach des Lichtspieltheaters Tuschinski im unverkennbaren Jugendstil (gegenüber) und eine von H. P. Berlage für den Börsenplatz entworfene Laterne (links).

»hofjes« schuldet: Der Besucher senkt die Stimme, und seine Aufmerksamkeit wird wie selbstverständlich auf die vielen kleinen Details gelenkt, Inschriften, Reliefs, Ornamente, aber auch auf ganz unscheinbare Dinge des täglichen Gebrauchs wie jene Halbtür, die in der Umgebung des Höfchens plötzlich eine anrührende historische Bedeutung erlangt.

Auf meinen vielen Stadtspaziergängen spreche ich manchmal unwillkürlich Gebäude an. Ich unterhalte mich mit ihnen. In der Reguliersbreestraat beispielsweise halte ich immer einen Augenblick Andacht vor zwei Kinos, die sich fast genau gegenüberstehen: dem Cineac und dem Tuschinski. Am meisten erweckt das Cineac meine innere Anteilnahme, derart verwahrlost und heruntergekommen ist dieses Kleinod des Neuen Bauens, 1934 von dem Architekten Jan Duiker entworfen. Die weißen Wände sind grau geworden, die Farbe blättert, und was durch die Projektoren läuft, hat mit Filmkunst nicht viel zu tun.

Gegenüber und stilistisch völlig gegensätzlich steht das Tuschinski-Theater (1918-1921, Architekt: H. L. de Jong), ein für niederländische Begriffe unerhört exotischer Prachtbau des Art deco, der heute noch für Filmpremieren im Hollywoodstil benutzt wird. Das phantastische, festliche Interieur, in dem ein dunkles Rot und Schwarz triumphieren und jeder Quadratzentimeter eigens entworfen und mit Farbe versehen scheint, ergibt ein riesiges, Wärme ausstrahlendes Gemälde, das den Besucher samtweich empfängt. In Amsterdam war mit dem Bau des Tuschinski-Theaters der märchenhafte Höhepunkt des Stils um 1900 erreicht, der je nach Land unter Art nouveau (Frankreich und Belgien), Jugendstil (Deutschland) oder Sla-olie (»Tafelöl-Stil«, Niederlande) bekannt ist. Nüchternster Ausdruck dieser Bewegung ist das Witte Huis (1901). Mit diesem Bau, der an der Ecke von Singel, Raadhuisstraat und Spuistraat

Das Lichtspieltheater Tuschinski (1921) besitzt fraglos das glamouröseste Innendekor der Stadt. Dieser Palast hat den Geist der »roaring twenties« bewahrt, hier meint man jederzeit Clark Gable oder Greta Garbo zu begegnen. Der üppig gemusterte Teppich der Eingangshalle wurde kürzlich nach den Originalentwürfen vollständig von Hand neu gewebt, denn während des fast 70jährigen Dauergebrauchs hatte er arg gelitten.

UITGANG
ZIJDEUR RECHTS

Das Scheepvaarthuis stellt einen strahlenden Höhepunkt der Amsterdamer Schule dar, jener Architekturbewegung, die für ihren Hang zu expressiver und plastischer Formgebung sowie für ihre Vorliebe für den Backstein bekannt war. Gebaut wurde es 1916 nach den Plänen von J. M. van der Mey, dem die Architekten M. de Klerk und P. L. Kramer assistiert hatten. Zahlreiche erstrangige Künstler wirkten an der

Dekoration dieses Monuments plastischer Baukunst mit.

Wie die Börse von Berlage ist das Schiffahrtshaus eine Gesamtkomposition. Innen wie außen erfuhr auch der kleinste Winkel, die geringste Verbindungsfläche eine minutiöse stilistische Bearbeitung. Es ist gleichsam das Museum einer symphonischen Baukunst, die sich sämtlicher Baustoffe, Backstein, Stein, Gußeisen, Kupfer und Glas, bediente.

liegt, kündigt sich die moderne Architektur des zwanzigsten Jahrhunderts an. Deshalb war man außergewöhnlich gut beraten, das vollständig restaurierte Monument mit dem »Bug« des neuen, auffällig hellen P. C. Hoofthuis (1978–1984, Theo Bosch) in Beziehung zu setzen, in dem die Philosophische Fakultät der Universität Amsterdam untergebracht ist.

Auch die Börse von H. P. Berlage (1903), ein vor allem wegen seiner beeindruckenden Ausmaße spektakulärer Bau, markiert den Schnittpunkt zwischen den verstaubten historistischen Stilen des neunzehnten und der modernen Architektur des zwanzigsten Jahrhunderts.

In architektonischer Hinsicht ist die Börse das interessanteste Gebäude von Amsterdam. Wenigstens einmal pro Woche laufe ich an der Börse vorbei und bin regelmäßig darin zu Gast. Dann klopfe ich an das schwere Holz der Türen und streiche mit den Fingern über den hellroten Backstein, diesen unvergleichlichen holländischen Backstein, der aus dem fetten Lehm von den Uferrändern unserer Flüsse gebrannt wird. Backstein ist der Baustoff, dem Amsterdam sein unverwechselbares Gesicht verdankt. Auf den Backstein gründete H. P. Berlage (1856–1934) sein gesamtes architektonisches Schaffen, innen so gut wie außen. Ohne Backsteine wären auch die neogotischen Werke des Katholiken P. J. H. Cuypers undenkbar, der Kirchenbauten wie die Vondelkerk, aber auch den Hauptbahnhof und das Rijksmuseum entworfen hat – prägende Bauwerke für das Antlitz der Stadt.

Der Höhepunkt der Backsteinarchitektur ist in den Bauten der Amsterdamse School zu sehen, in dem Architekturstil dieser sozialen Baubewegung zwischen den Weltkriegen: eine wahre Backsteinlyrik, wie eine Theatermaskerade, eine Scheinarchitektur, die als idealistisches Instrument für die ästhetische Erziehung der Arbeitermassen diente. Das Scheepvaart-

Im Jahre 1903 weihte die junge Königin Wilhelmine die Börse von Berlage am Damrak ein. Dem revolutionären Baudenkmal, das damals Koopmansbeurs genannt wurde, schlug eine Welle der Kritik entgegen: Diese kahle, kalte Fabrik, diese Mißgeburt gebe die Stadt Amsterdam der Lächerlichkeit preis. Indes, nach und nach gewöhnte sich das Publikum an die modernen, aber klassisch inspirierten Linien dieses »Gesamtkunstwerks«, für das Berlage Dichter, Maler, Bildhauer und Glasermeister vereint hatte. Die Börse wurde zum Symbol für den Übergang von den epigonalen Stilen des ausgehenden neunzehnten Jahrhunderts, zur modernen Architektur. Der frühere Saal der unter dem Schutz Merkurs stehenden Handelsbörse dient heute Kulturveranstaltungen und Ausstellungen. Im übrigen Teil des Gebäudes finden die Proben und Konzerte des Nederlands Filharmonisch Orkest statt.

huis (Haus der Schiffahrt) an der Prins Hendrikkade, gebaut von J. M. van der Mey, M. de Klerk und P. L. Kramer (1913–1916), setzte den Anfang und zugleich ein Wahrzeichen für die »dekorative Architektur« der Amsterdamer Schule. Mit dem Wohnungsbau in der Spaarndammerbuurt und dem 1917 von Berlage entworfenen »Stadterweiterungsplan Amsterdam-Süd« fuhr der ästhetische Idealismus seine mächtigsten Geschütze auf.

Wer heute diese abgelegenen, aus den euphorischen Plänen der zwanziger Jahre hervorgegangenen Stadtviertel besucht, wird mit Erstaunen glauben, er habe sich in Zeit und Geschichte verlaufen. Man beachte die Türen, die Briefkästen, die Hauseingänge und vor allem die Dramaturgie der Ziegeldächer: alles ist bis ins letzte Tüpfelchen inszeniert. Und tatsächlich wohnen in den meisten dieser Arien aus rotem Backstein und Dachziegel Arbeiter, heute vor allem Gastarbeiter.

Ein Bild werde ich nie vergessen. Es bot sich mir auf einem Spaziergang durch die besagte phantastische Spaarndammerbuurt, nord-westlich des Hauptbahnhofs. Ich stand an der Bordsteinkante der Hembrugstraat und schaute mir das berühmteste Stück Architektur der Amsterdamer Schule an, die beiden roten Backsteinwohnblöcke von Michel de Klerk (1918), die sich

Der Architekt und Städteplaner H. P. Berlage (1856–1934) hat in Amsterdam unübersehbare Spuren hinterlassen. Außer der Börse sind Bürogebäude, unzählige Wohnhäuser und der berühmte Stadterweiterungsplan Amsterdam-Süd auf seinem Reißbrett entworfen worden. Für die ANDB, die Gewerkschaft der niederländischen Diamantarbeiter – eine der ältesten im Land –, schuf er 1899 das Gewerkschaftshaus, besser bekannt unter seinen beiden Spitznamen »Avenuepalast« (wegen seiner Adresse in der Avenue Henri Polak 9) und »Festung von Berlage«, die gleichermaßen auf die konsequente Anwendung des Backsteins und auf den repräsentativen Anspruch verweisen. Seit kurzem befindet sich ein Gewerkschaftsmuseum in der palastartigen Festung, von der hier der großzügige Treppenaufgang zu sehen ist (oben und rechts).

Anmut des Backsteins. Nirgendwo sonst auf der Welt haben die Architekten in der Backsteinbauweise so viel Phantasie unter Beweis gestellt. Ausgehend von dem Prinzip, daß die Arbeiter in einer kulturell niveauvollen Umwelt einen Ausgleich für oftmals unmenschliche Arbeitsbedingungen finden sollten, komponierten die sozial engagierten Architekten der Amsterdamer Schule wahre Backsteinsymphonien. In diese so großstadttypischen Backsteinviertel der Amsterdamer Arbeiter zogen später auch viele ausländische Gastarbeiter.

einander innig zuneigen und ihre Begegnung mit einer wahren Eruption roter Dachziegel zelebrieren. Inmitten dieser überspannten, aber durch ihre bescheidenen Ausmaße auch wieder recht dörflichen, religiösen Baukunst stand ein kleines, in lauter kleine Quadrate unterteiltes Rundbogenfenster offen. Eine muslimische Frau beugte sich hinaus, ihr Kopftuch stach als weißer Fleck gegen das rote Ziegeldach ab, das hier trotz der geringen Höhe schon ansetzt. Und bedächtig, aber hartnäckig machte sie sich daran, all die kleinen Karrees zu putzen, die so charakteristisch für den unnachahmlichen Stil der Amsterdamer Schule sind. Im Geiste machte ich eine Aufnahme – die kostbarste meiner Sammlung.

Backstein in allen Farben und kleine Fenster mit weißen Sprossen. Die Amsterdamer Schule ist ein wahres Freilichtmuseum, aus dem wir hier einige der schönsten Beispiele der Spaarndammerbuurt sehen.

87
89 – 95
89 - 95
Het PAROO

Interieurs

Die verschiedenen Interieurs, die man in Amsterdam vorfindet, spiegeln deutlich die Mentalität, die besondere Lebensauffassung und die Phantasie der Niederländer wieder. Sie übertreffen einander an Erfindungsgabe, raffinierten Komfort mit unaufdringlicher Opulenz in Einklang zu bringen. Sie sind kühne Magier einer neuen Wohnkunst, die sie auf kleinstem Raum ebenso überzeugend zelebrieren, wie in den zu stattlichen Wohnresidenzen umgebauten ehemaligen Lagerhäusern.

Die Holländer haben, einem englischen Humoristen zufolge, das Privatleben erfunden, und so entwickelten sie einen Baustil, der ihre Geisteshaltung, ihre Moral und Phantasie widerspiegelt. In Amsterdam übertrumpften sich Patrizier und reiche Kaufleute darin, Komfort und Insignien ihres Wohlstands miteinander zu verknüpfen, lehnten aber als gute Calvinisten Hoffart und überflüssigen Luxus ab.

Die Amsterdamer haben einen subtilen Sinn für das Paradoxe, was den Fremden oft dazu verleitet, in ihren Verhaltensformen eine Kette von Widersprüchen zu sehen: Daß sie zum Beispiel Wert auf Ausgewogenheit und Zurückhaltung legen, hat ihrer Neigung zum Wohlleben, zu Festlichkeiten, prachtvollen Gesellschaften und repräsentativen Behausungen nie Abbruch getan. Desgleichen scheint es auf den ersten Blick so, als offenbare sich ihr Hang zur Transparenz in Privatangelegenheiten in den weithin zur Außenwelt geöffneten Domizilen, doch der Passant, der hofft, alles mitzubekommen, was darin vonstatten geht, stellt sehr rasch fest, daß sie in Wirklichkeit ganz und gar undurchdringlich sind. Die Spekulationsleidenschaft der Amsterdamer war ebenso geistiger wie finanzieller Natur – die Bewohner dieser Stadt haben das Gesetz der Gegensätze innig gepflegt: Nichts ist, was es scheint, hinter dem transparentesten Augenschein verbergen sich oft unergründliche Geheimnisse.

Auch wenn sie ästhetischen Regeln folgt, ist die Architektur hier zunächst einmal das Ergebnis bestimmter Vorgaben. In Amsterdam, der kleinsten Großstadt Europas, mußte das Bauland dem Moor abgerungen werden, weshalb man sparsam mit ihm umging. Schon früh legten Bebauungspläne die Konstruktionsmaße fest, und viele Besonderheiten der Stadthäuser sind der Notwendigkeit sich beugende, brillante Lösungen. Weil breite Fassaden infolge des

Patrizierhäuser

An der Herengracht fällt das Bartolotti-Haus mit seiner außergewöhnlichen rotweißen Backsteinfassade besonders auf (oben).

Die prachtvolle Innenausstattung aus dem Goldenen Jahrhundert wurde von überflüssigen Ornamenten befreit; nur das Wesentliche des opulenten Dekors wurde belassen. In die Täfelung aus Teak und Mahagoni, die, wie alles aus den Kolonien Importierte, im Goldenen Jahrhundert sehr in Mode war, ließ man in eine Wand des Hauptsalons einen sehr schönen Wasserspender aus weißem Marmor vom Ende des siebzehnten Jahrhunderts ein (gegenüber).

begrenzten öffentlichen Geländes ausschieden, erstrecken sich die Häuser zwangsläufig mehr in die Tiefe. Und weil das von Norden einfallende Licht und eine bestimmte Philosophie die Öffnung nach außen erforderten, durchbrach man die Fassaden bald mit sehr großen Fenstern. Diese Methode setzte überdies das Gewicht der Konstruktion erheblich herab, ein großer Vorzug angesichts des schlammigen Bodens, in den zunächst zahlreiche Pfähle gerammt werden mußten. Aus dem gleichen Grund verwandte man mehr Backstein als Naturstein. Für die Fenstereinfassungen bevorzugte man relativ leichten Sandstein, der sich auch gut für die charakteristische Ornamentik des beginnenden Goldenen Jahrhunderts eignete, als Holland in einem Europa der endlosen Kriege und Katastrophen eine Insel des Wohlstands, der Toleranz und der Freiheit darstellte.

Neben vielen anderen Leidenschaften pflegten die reichen Amsterdamer auch die Passion für die Gestaltung ihrer Häuser. Die Gemälde von Jan Steen, Nicolaes Maes, Pieter de Hooch und vieler anderer bezeugen, daß sie sich mit Vorliebe in ihren Wohnungen abbilden ließen, selbst in den alltäglichsten Situationen, um damit ihre Familiengeschichte in Bildern zu dokumentieren. Und ein Blick in die Nachlaßinventare zeigt, daß sie oft ebensoviel für dekorative Details aufwandten wie für den Erwerb oder Bau ihrer Häuser.

Das ganze siebzehnte Jahrhundert hindurch erfuhren die dekorativen Künste in Amsterdam einen lebhaften Aufschwung; die Handwerker, oft aus religiöser Intoleranz oder durch die verheerenden Folgen der Kriege aus ihren Heimatländern vertrieben, kamen in Scharen nach Amsterdam, und die Einfuhr von Spiegeln, Lackarbeiten, Seidenwaren und Porzellan stieg kräftig. Unterdessen nahm die Anzahl der Werkstätten zu, die vom Umgang mit diesen Dingen aus aller Welt inspiriert wurden und

rasch ein qualitativ beachtliches Niveau entwikkelten.

Das Haus eines Patriziers in Amsterdam stellte nicht nur ein friedliches Refugium für die Familie dar, sondern sollte auch den Glanz des finanziellen Aufstiegs verherrlichen, der sich, bevor in der zweiten Hälfte des siebzehnten Jahrhunderts der Einfluß Palladios zum Tragen kam und verglichen mit den Gewohnheiten anderer großer Handelsmetropolen, vor allem Venedigs, oftmals mehr in der Opulenz der Inneneinrichtung als im Reichtum der Fassaden niederschlug.

Entlang der Kanäle, einer subtilen Hierarchie folgend – vornean stand die von merkantilen Aktivitäten weitgehend unbehelligte, mit ihrer etwas hieratisch anmutenden Fassadenflucht am strengsten wirkende Herengracht –, errichtete man jene großartigen Bauten, die das augenfälligste Vermächtnis dieser prosperierenden Epoche bilden. Denn jeder Kaufmann wünschte sich einen solchen Prachtbau, der gleichzeitig das Lager beherbergte, und zwar so repräsentativ, wie seine Mittel es zuließen. Die Fassaden, die den Uferstraßen an den Grachten den Rhythmus geben, sind gleichsam Proklamationen des Wohlstands, verziert mit eingemeißelten Wahlsprüchen, reichem Giebelwerk oder gar der Büste ihres Eigentümers.

Das Bartolotti-Haus an der Herengracht, in dem heute ein berühmter zeitgenössischer Musiker wohnt, stellt den wohl prächtigsten Bau seiner Zeit dar. Als im Jahre 1617 der reiche Kaufmann und Administrator der Ostindischen Compagnie van Heuvel, der den Familiennamen seines aus Bologna stammenden Schwiegervaters gegen das Versprechen angenommen hatte, dessen steinreiche Witwe zu beerben, den Bau eines Hauses plante, wandte er sich an den Bildhauer und zu Beginn des Goldenen Jahrhunderts vielbeschäftigten Architekten Hendrick de Keyser, der zahlreiche bedeutende Bauunternehmungen im Auftrag der Stadt und des Staates durchführte. Der Baumeister umging das vorgeschriebene »Königsmaß« von einem »kavel« (einer Bauparzelle), d.h. 7,35 Meter Fassade und 60 Meter Tiefe, indem er zwei »kavels« zusammenfaßte, wodurch die herrliche Front im konkaven Verlauf des Kais an Weite gewann. Diese ornamentreiche, aber straff gegliederte Fassade, stark von italienischen Einflüssen geprägt, stellt mit Sicherheit das schönste Beispiel für den Renaissancestil in den Niederlanden dar. Das Bartolotti-Haus beherbergte im siebzehnten Jahrhundert eine beachtliche Gemäldesammlung und eine Überfülle von Möbeln und dekorativen Gegenständen. Im Hauptzimmer hingen zwölf Bilder, in dem eines Dienstmädchens sieben, mehrere Räume waren mit geprägten und mit Blattgold versehenen Lederbespannungen ausgestattet, einige Wände zierten sogar damals sehr kostspielige Spiegel.

Die grandiose Stuckverzierung im Eingangsbereich des Bartolotti-Hauses zeigt mythologische Szenen (oben). Diese herrlichen Stuckarbeiten, die man in den meisten Patrizierhäusern und Landschlössern antrifft, hatten italienische Handwerker nach Holland eingeführt.

In der Küche, dem geselligsten Raum des Hauses, befindet sich eine Spüle aus Soignies-Stein, an der ein entzückender Cupido aus weißem Marmor schlummert (gegenüber).

Hendrick de Keyser plante das Piano nobile nicht wie üblich im ersten Stock, sondern im Erdgeschoß. Rund um den in lebhaftem Blau gehaltenen und mit grauem Marmor gefliesten Eingangsbereich verteilen sich eine ganze Reihe von Räumen, prunkvoll dekoriert mit cremeweißen Stuckdecken und Wandtäfelungen aus Teak und Mahagoni, die ein Schüler von Daniel Marot mit Schnitzarbeiten versehen hat. Am meisten beeindruckt der »große Saal«, der Empfängen und Festlichkeiten diente. Heute herrscht eine ruhigere Atmosphäre, und ist auch der Reichtum des Dekors geblieben – besonders der wunderschöne Stuck im Entree mit mythologischen Motiven sowie eine hundert Jahre nach Erbauung eingezogene Treppe –, so prägen nun die zahlreichen alten Musikinstrumente das Ambiente, die von der Leidenschaft des Hausherrn künden. Sie laden mehr zur Meditation, zur Besinnung ein als zu feierlichen Empfängen, deren Schauplatz dieses Haus in

vergangenen Zeiten gewiß häufig gewesen ist. Die vielen Salons scheinen wie verlassen, die Familie des Musikers versammelt sich für gewöhnlich in dem für die Amsterdamer Häuser charakteristischen »falschen« Souterrain, das man ein paar Stufen abwärts erreicht, das aber auf gleicher Höhe liegt wie der Vorgarten an der Vorderfassade. In dieser lichten, warmen Atmosphäre begibt man sich am liebsten in die Küche, die in Holland seit jeher den Mittelpunkt des Familienlebens darstellte. In einer Zeit, in der die Funktionen der verschiedenen Räume nicht so recht definiert waren und Zimmer gleichzeitig als Salon dienten, war die Küche der freundlichste und wärmste Ort. Selbst das kaufmännische Großbürgertum, das viel Wert auf aristokratische Lebensformen legte, war sich nicht zu fein, in der Küche zu empfangen, und während sie die Gäste unterhielt, beteiligte sich die Dame des Hauses gerne an den häuslichen Arbeiten. Mit dem traditionellen Spülbecken aus blauem Soignies-Stein, den vor Porzellan überquellenden Schränken, dem großen, mit Delfter Kacheln verkleideten Kamin und den lebhaften Farben ist auch heute noch die Küche der Raum, in dem im Bartolotti-Haus gelebt und musiziert wird.

Doch sonderbarerweise befindet sich das am besten erhaltene Haus des Goldenen Jahrhunderts außerhalb der Stadt. Hoorn, ehemals der lebhafteste Hafen der Zuiderzee, bis diese zur Gewinnung neuer Polder durch einen Deich vom Meer abgeschnitten wurde, weist einen großartigen Bestand an Bauten aus vergangenen Epochen auf. Das 1624 errichtete Gebäude, in dem heute der Kunsthistoriker Johannes de Visser lebt, gibt ein getreues Bild vom Hausstand eines Reeders zur holländischen Glanzzeit. Man betritt es durch eine waagerecht geteilte Tür, um die herum sich die Fenster mit kleinen, bleigefaßten Karrees anordnen. Der Boden ist durchweg mit »pavluizen« gefliest,

Das Haus von Johannes de Visser am Hafen von Hoorn (ganz oben).

In die mit alten »pavluizen« ausgelegte Vorhalle dringt durch die Fenster ein malerisches Licht. Der schön gearbeitete Schrank, ein »toogkart«, stammt aus dem siebzehnten Jahrhundert (oben).

Unter dem Spiegel mit einem flämischen Nußbaumrahmen steht ein friesischer Tisch aus dem Jahre 1688 (gegenüber).

jenen kleinen glasierten Tonkacheln, wie man sie in vielen holländischen Häusern antrifft. Über eine Wendeltreppe gelangt man in das frühere Büro des Reeders, dessen große Schlichtheit sich vom Dekor des zwanzig Jahre später erstandenen Nachbarhauses deutlich abhebt. Das nämlich hatte der Eigentümer mit der ganzen barocken Phantasie ausstatten lassen, die jenes prunkende, nach Lüsten und Festen gierende Zeitalter ausmachte, in dem man ohne weiteres auch auf die deftigsten Farben zurückgriff. Die holländischen Wohnungen weichen häufig von den Darstellungen ab, die wir von Gemälden kennen. Strenge, Einfachheit, eine gewisse Vorliebe für die Leere – dies alles hat es zwar gegeben, aber damit ist die Vielfalt, die voller Überraschungen und Reize steckt, gänzlich nicht beschrieben.

Doch kehren wir zurück nach Amsterdam mit seinen vielen Buchhandlungen und Antiquariaten. Aufs neue empfängt uns eine Atmosphäre geistiger Konzentration, wenn wir beim Gründer der »Bibliotheca Philosophica Hermetica« eintreten, dessen Haus an der Bloemengracht all denen offensteht, die an gelehrten Werken, seltenen Ausgaben mystischer Schriften (denn Holland gehörte auch zu den Zentren der esoterischen Literatur) sowie an allen Belangen von Alchimie oder Geheimbünden interessiert sind. In diesem friedlichen Refugium, das vierhundert Manuskripte, von denen mehr als die Hälfte vor 1600 geschrieben wurden, und fünfzehntausend Bücher birgt, hat der feinsinnige Privatgelehrte, eigentlich ein Geschäftsmann, ein in seiner Art fast anachronistisches Studierkabinett nachgebaut. Hier dringt der Lärm der Welt nur in gemilderter Form herein, und man kann sich nur schwer vorstellen, daß diese Einrichtung weit jünger ist als das Haus, das sie beherbergt. Einfache, aber auserlesene Elemente stellen in dieser freundlichen Umgebung die Atmosphäre einer fast in Vergessenheit geratenen Lebens-

Auf dem Tisch befinden sich eine Karaffe von René Lalique und holländische Gläser (ganz unten).

Unten ein Delfter Teller aus dem letzten Viertel des siebzehnten Jahrhunderts.

Der Salon wird von einem großformatigen Bildnis der Zwillinge Henrick und Everhard Kockman beherrscht, den Söhnen des Bürgermeisters von Zwolle, 1668 von der Rubens-Schülerin Joanna Vergouwen gemalt. Die Straußenfederbüschel in den Vasen, das gußeiserne Sofa aus der Zeit des Second Empire und die verschiedenartigen Bezüge der Kissen ergeben ein skurriles Dekor (rechts).

Als Johannes de Visser das Nebenhaus einrichtete, ließ er sich von dem Anfang des achtzehnten Jahrhunderts von Daniel Marot durchgesetzten Stil anregen (oben). Auf dem Kaminsims befindet sich eine nach Entwürfen von Jean Bérain angefertigte Holzverkleidung mit kleinen Porzellanfiguren. Die mit Utrechter Samt bezogenen Stühle, die Tischdecke aus Seidenbrokat und der »tausendfarbige« Teppich, gefertigt in einer großen Manufaktur in Deventer in der Provinz Overijssel, verleihen dem Raum eine muntere barocke Atmosphäre.

kunst wieder her: ein mit Schnitzarbeiten und mit drei biblische Tugenden symbolisierenden Statuen geschmückter Fichtenschrank, wie man ihn nach altem Brauch den Brautleuten zur Hochzeit schenkte; eine Kaminuhr von Pieter Klock, einem Amsterdamer Uhrmacher des Goldenen Jahrhunderts sowie ein Schrank von Erik van Rijswijck und ein Tisch, den eine Tapisserie mit Blüten- und Laubmotiven bedeckt, wie sie häufig auf Gemälden jener Zeit zu sehen ist. Wenig Licht dringt in dieses Haus mit kleinen Fenstern, das, wie bis ins erste Viertel des siebzehnten Jahrhunderts üblich, lediglich von einem jener Messingleuchter erhellt wird – hier allerdings von einer ungewöhnlichen Größe und Machart –, die man ebenso häufig in Wohnungen wie in Kirchen antrifft. Eine besänftigende Ruhe lädt zur inneren Einkehr, lediglich vom Geräusch des Holzes unterbrochen, das im breiten Kamin knistert, dessen Kacheln, noch aus der Zeit vor der Delfter Manufaktur, mit Motiven nordholländischer Städte verziert sind.

Diese Vorliebe für ein friedvolles Ambiente verstanden die Amsterdamer selbst an öffentlich zugänglichen Orten zu wahren, so etwa im Museum Amstelkring, eingerichtet 1888 in einem Haus am Oudezijds Voorburgwal, das seit seinem Bau im Jahre 1663 auf dem Dachboden des Hauptgebäudes und der beiden angrenzenden Häuser einer römisch-katholischen »Versteckkirche« Unterschlupf bot: Offiziell war der religiöse Ritus zwar in jenen Tagen, als in ganz Europa Intoleranz regierte, untersagt, in der Praxis jedoch durchaus geduldet, zumal er unauffällig zelebriert wurde. Rund zehn dieser geheimen Kapellen sind in der Stadt noch vorhanden. Diese hier ist jedoch die am besten erhaltene und mit ihrem etwas naiv anmutenden Namen »Unser Lieber Herr auf dem Dachboden«, den man ihr im neunzehnten Jahrhundert gab, sicherlich die anrührendste. Wenn man durch die wunderschönen und zu-

Der Gründer der »Bibliotheca Philosophica Hermetica« empfängt Bücherliebhaber aus aller Welt im Stadtviertel Jordaan, in der authentischen Atmosphäre des siebzehnten Jahrhunderts. Auf dem Tisch künden seltene und alte Bücher von der Leidenschaft des Hausherrn, darunter ein Band des heiligen Augustinus von 1470, eine rotgebundene »Imitatio Christi« mit Kassette sowie ein holländisches Stundenbuch, 1491 von einem berühmten Buchillustrator bebildert, der, aufgrund der Art und Weise seiner Darstellungen, den Beinamen »Schwarze Augen« bekommen hatte (rechts).

Die Glasmalereien auf den Fenstern zeigen Szenen einer Seeschlacht (oben).

In einem jener Kronleuchter aus dem siebzehnten Jahrhundert, wie man sie auch auf den Gemälden von Pieter de Hooch sehen kann und heute noch oft in Kirchen antrifft, spiegelt sich der typische schachbrettartige Fußboden eines zeitgenössischen Saals (gegenüber).

Aus dem siebzehnten Jahrhundert stammt auch das Dekor eines kleinen Hauses am Oudezijds Voorburgwal, das inzwischen in ein Museum umgewandelt wurde (Museum Amstelkring). Im großen »Saal« steht ein schwerer Eichentisch vor einem gewaltigen Kamin mit Delfter Kacheln und gewundenen Säulen (oben).

Die warme, gastfreundliche Küche, in der die Hausherrin ihre Freunde empfängt, vermittelt mit dem mit Carrara-Marmor ausgelegten Boden, dem mit Kacheln verkleideten Kamin und der Spüle aus blauem Soignies-Stein einen guten Eindruck davon, wie gesellig ein solcher Raum sein kann (links).

weilen reichdekorierten Säle des Hauses geht, ist zunächst nichts von der Existenz einer Kultstätte zu ahnen, die gleichwohl seit ihrer Einrichtung allgemein bekannt und, bezeichnend für den Geist dieses calvinistischen Landes, gemäß einer Art Modus vivendi auch zugelassen war. Indes, für den aufmerksamen Betrachter zeugt das gesamte Haus von der Beständigkeit des Katholizismus in Amsterdam, ob es die Bildnisse von Vorstehern wohltätiger Einrichtungen sind oder die religiösen Gemälde mit ihrer typischen gegenreformatorischen Thematik: die Verkündigung an Maria, die Passionsszenen, die Evangelisten und die Heilige Dreifaltigkeit. Dieses Haus beherbergt eine Welt außerhalb der Stadt. Es weht noch der Geist einer Glaubensgemeinschaft im Labyrinth der Gänge und Stiegen, in den Empfangs- oder Privaträumen, in den Zimmern mit Alkoven – der Zauber einer gleichsam angehaltenen Zeit hat hier bis heute überdauert.

Das Goldene Jahrhundert läßt sich nicht unter eine einzige Ästhetik subsumieren. Da sich Kaufleute und Patrizier in dieser prosperierenden Zeit an Grandezza zu überbieten trachteten, waren sie ständig damit beschäftigt, neue Talente zu entdecken und Innovationen zu fördern. Auf den 1621 verstorbenen Hendrick de Keyser folgte Philip Vingboons als der bestechendste Vertreter dieser Architektengeneration, die mit Formen, wie sie damals in ganz Europa in Mode kamen, hier aber eine nationale Ausprägung erfuhren, bald großen Erfolg hatte. Er arbeitete oft mit seinem Bruder Justus Vingboons zusammen, der mit dem Trippenhuis am Kloveniersburgwal ein vollendetes Bauwerk des Neoklassizismus geschaffen hat. Diese Architektur war mehr nach außen gerichtet, sie nutzte geschickt die Möglichkeiten der Perspektive, um den tatsächlichen Raum optisch zu vergrößern, und widmete sich mit sinnlichem Gespür der Ausschmückung, kurz: Sie legte es

Das Theatermuseum befindet sich direkt neben dem Bartolotti-Haus, von dem es zugleich eine Etage einnimmt. Im Innern kann man neben den großartigen Stuckarbeiten des Bildhauers Jan van Logteren eine eindrucksvolle Sammlung von Kostümen, Modellen und verschiedenen Ausstattungsgegenständen bewundern (gegenüber).

Die Treppenspirale verläuft in einem Stück vom Keller bis zum Dachgeschoß (oben).

darauf an zu verführen. Und in der Tat, sie hat rasch verführt: 1638 übertrug der Magistrat Michael Pauw dem dreißigjährigen Vingboons den Entwurf seines neuen Hauses, das heute als ein Bestandteil von vielen Amsterdams traditionelle Kulisse bestimmt, damals jedoch mit der Einführung des Halsgiebels, einer besonders ausgeklügelten Giebelvariation, überaus innovativ wirkte. Oft war an den schmalen Stadthäusern der Giebel der einzige Bereich, wo der Architekt Phantasie walten lassen konnte: Hoch zum Himmel ragend, eher schmückend als nützlich, war der Giebel so etwas wie das Wappen des Hausherrn, kündete von seinem Temperament, seinen Neigungen und Bestrebungen. Auf der eleganten Herengracht-Meile, die seit ihrer Einrichtung den Erfolg symbolisierte, durchbrach Vingboons die eng bemessenen Dimensionen. Er entwarf ein weitläufiges Domizil, ausgestattet mit einer monumentalen Treppe, bei der die Ästhetik Vorrang vor der Funktion hatte. Nach französischem Vorbild plante er die Anordnung der Zimmer als Enfilade und formulierte damit eine Lebensart, die nicht mehr die Intimität vergangener Tage aufwies und für eine ganze Generation Mode wurde. Da es aber das Schicksal jeder Mode ist, von anderen Moden abgelöst zu werden, nahmen die Nachfolger Michael Pauws ab 1730 Verschönerungsarbeiten vor und hinterließen das Haus so, wie wir es heute kennen. Vingboons' legendäre Treppe ist leider einem noch ausgefalleneren Modell gewichen, einer vom Keller bis zum Dachstuhl reichenden Wendeltreppe (gewöhnlich endete sie im ersten Geschoß, also auf der Empfangsetage, von dort an wurde der weitere Aufgang weniger aufwendig gestaltet). So begründen heute vor allem die herrlichen Stuckarbeiten von Jan van Logteren den Ruf des Hauses. Virtuos bediente sich dieser Künstler der Wirkung des Trompe-l'œils, der perspektivischen Täuschung und eines breitgefächerten Ornamentenprogramms, um den Besucher in Erstaunen zu versetzen. Er ging sogar so weit, Blendtüren im Sinne einer Symmetrie anzulegen, die er ein paar Meter weiter unterbrach. Die Deckengemälde, die Jacob de Wit, der Grisaille-Meister mythologischer Szenen – die dargestellten Putten tragen zu seinen Ehren den Spitznamen »witjes« – und der französischstämmige Landschaftsmaler Isaac de Moucheron gestaltet haben, die Sopraporten, die zahlreichen allegorischen Schmuckmotive und die mit geprägtem und mit Blattgold geschmücktem Cordobaleder bespannten Wände unterstreichen den Eindruck einer Opulenz, die jenem Puritanismus, mit dem man die holländische Lebensweise allzu vorschnell verbindet, eine entschiedene Absage erteilt. Heute ist das Haus der Sitz des Theatermuseums und beherbergt keine Träume von Größe mehr wie im siebzehnten Jahrhundert, sondern nur noch die überraschenden und beeindruckenden Reliquien der hohen Kunst der Illusion.

In dem Maße, wie sich der neoklassizistische Geschmack durchsetzte, fanden die Amsterdamer Häuser zurück zu einer gewissen Strenge, wenn nicht in der Innenausstattung, so doch zumindest in der Gestaltung der Fassaden. Dies illustriert zum Beispiel das Van-Loon-Haus, das seine Bekanntheit der architektonischen Qualität ebenso verdankt wie dem Umstand, eines der wenigen dem Besucher offenstehenden Domizile zu sein, sowie der bewegten Geschichte seiner jeweiligen Eigentümer, die von den Lebensgewohnheiten der damaligen guten Gesellschaft Zeugnis ablegt. Das 1671 von Adriaen Dortsman gleichzeitig mit dem stilistisch identischen Nachbarhaus gebaute Van-Loon-Haus ist ein Musterbeispiel für dessen strengen, mitunter etwas steif anmutenden Architekturstil, in diesem Fall deutlich beeinflußt durch Jakob van Campen, der den Wettbewerb um die Planung des Rathauses, seit der kurzen

Hinter den alten Grachtenhäusern verbergen sich häufig langgestreckte Gärten, an deren Ende einst die Pferdeställe, Kutschen und das Kutscherlogis in Nebengebäuden untergebracht waren. In einem solchen »koetshuis«, dem des Hauses van Loon, lebt Pierre Audi, der Direktor der Oper. Der neoklassizistische Giebel verleiht dem Haus das Aussehen eines griechischen Tempels (oben).

Das Museum van Loon bietet Gelegenheit, ein herrschaftliches Grachtenhaus mit einer pefekt erhaltenen Inneneinrichtung zu erleben. An der Porträtsammlung läßt sich die Familiengeschichte ablesen. Im Vestibül, oberhalb einer Truhe aus dem achtzehnten Jahrhundert, zeigt ein von Jan Miense Molenaer signiertes Gemälde die Hochzeit von Willem van Loon und Margaretha Bas im Jahre 1637 (rechts).

Herrschaft Louis Bonapartes zum »Königspalast« avanciert, gegen Philip Vingboons gewonnen hatte.

Die Keizersgracht gehörte wie die zeitgleich entstandene, elegantere Herengracht und die weiter außen gelegene Prinsengracht zu den bevorzugten Baugründen der reichen Bourgeoisie des Goldenen Jahrhunderts. So war es nur natürlich, daß Jeremias van Raey, der es damals in kurzer Zeit zu einem Vermögen gebracht hatte, beschloß, sich hier niederzulassen. Er beauftragte den Architekten, auf der Balustrade der Sandsteinfassade zwischen den Statuen von Kriegs-, Feuer-, Erd- und Weisheitsgottheiten sein Wappen – einen liegenden Hirschen – anzubringen und sein Monogramm zum zentralen Schmuckelement der Balkone zu machen.

Angesichts des klassischen, vom kosmopolitischen Geist der Zeit geprägten Geschmacks könnte der Dekor dieses Hauses genausogut im Pariser Faubourg Saint-Germain beheimatet sein. Elegant zwar, mangelt es dem Bau gleichwohl etwas an Persönlichkeit. Sonderbarerweise kommen die schönsten Dekorationselemente von woandersher, so die 1970 aus dem Schloß Drakenstein hierher gebrachten Landschaftsbilder oder die großartigen Grisaillen von Gérard de Lairesse, die auf das beginnende siebzehnte Jahrhundert zu datieren sind und von Jonas Witsen Baron Straalman, der hier zwischen 1842 und 1860 residierte, angebracht wurden, rund zwanzig Jahre bevor Hendrick van Loon das Haus erstand. Dessen Nachfahren – heute vertritt der Archäologe Maurits van Loon die Familie – beschlossen, ihren Wohnsitz in eine Stiftung und ein Museum umzuwandeln, nachdem sie ihn mit sehr viel Zeit- und Arbeitsaufwand wieder in den Zustand der Wende vom achtzehnten aufs neunzehnte Jahrhundert hatten restaurieren lassen. Die alteingesessene holländische Mühlenbesitzerfamilie aus Loon

Detail des englischen Bergkristall-Lüsters, der das Van-Loon-Haus beleuchtet (ganz oben). Auf dem Ornament des Treppengeländers kann man »vHagen« und »Trip« lesen, zum Gedenken an Abraham van Hagen und seine Gemahlin Catharina Trip, die hier im achtzehnten Jahrhundert wohnten (oben).

Der 1870 angebaute kleine Salon diente im Sommer als Eßzimmer (gegenüber).

bei 's Hertogenbosch war an der Gründung der Ostindischen Compagnie beteiligt; die beiden Mohrenköpfe, die seit 1600 auf ihrem Wappen prangen, erinnern stets daran. Dieses liebenswürdige Domizil beherbergt neben zahlreichen Porträts der Familie van Loon, die hier immer noch lebt, so faszinierende Erinnerungsstücke wie ein wunderschönes altes Silbergeschirr und ein zweihundertvierzigteiliges Porzellanservice regionaler Herkunft aus der Mitte des achtzehnten Jahrhunderts. Ausgestellt sind sie in einem Speisesaal, den ein großartiger, außergewöhnlicher Leuchter aus geschnitztem, ursprünglich einmal mit Blattsilber belegtem Holz erhellt. Von einer einzigartigen Lebenskunst zeugt jedoch vor allem die heitere, fast fröhliche Atmosphäre in den Räumen der Beletage, die auf gleicher Höhe zum Garten liegt. Am Ende dieses Gartens steht ein Gebäude im typisch neoklassizistischen Stil, in dem einst die Pferdeställe und das Kutscherlogis untergebracht waren und an das sich der Vorgarten an der Kerkstraat anschließt – unübersehbar ein Werk Dortsmans. Im Laufe eines schrittweisen Umbaus erhielt diese Zweckkonstruktion ihre heutige Tempelgestalt mit den beiden in Nischen stehenden Statuen Bacchus und Flora und einem Apollon über dem Eingang. Hier erkennt man am besten den Charakter jener Häuser, deren Gärten sich trotz ihrer geringen Größe wie Parks ausnehmen und für deren optische Vergrößerung man sich eine ganze Reihe perspektivischer Tricks einfallen ließ. So stellt der Garten eine heitere, aber letztlich genauso strenge Fortsetzung der Fassadenstruktur dar.

Den Traum einer städtischen Villa im Palladio-Stil verkörpert das Van-Brienen-Haus an der Herengracht. Seine Sandsteinfassade, von klassischer Vollendung, hatte im Jahre 1728 der nach Amsterdam geflüchtete französische Architekt Frédéric Blancard entworfen. Das Haus weist eine reiche Innenausstattung mit

marmorverkleideten Wänden, Stuckverzierungen und einer lichten Treppe, deren Geländer aus Zitronenholz geschnitzt ist, auf und verdankt einen großen Teil seines Ansehens dem Gemäldesaal. Die Mode, Säle mit großformatigen und in die Holzverkleidung eingepaßten Gemälden auf Leinwand zu dekorieren, kam im letzten Drittel des siebzehnten Jahrhunderts auf und hatte ungeheuren Erfolg. Neben zahlreichen Darstellungen holländischer oder exotischer Landschaften gaben großformatige Szenen im Stil der Genremalerei mitunter auch Auskunft über die Tätigkeiten des Hausherrn und illustrierten seinen Wohlstand. Im Innenhof weist das Van-Brienen-Haus eine weitere, kaum noch erhaltene Besonderheit der Amsterdamer Häuser auf. Es handelt sich um ein Schmuckmotiv aus geschnitztem Holz, das an einen Orgelprospekt erinnert und sich über die gesamte Fassadenhöhe erstreckt. Davor thront eine Frauenstatue mit Weihrauchfaß und Storch, Sinnbilder der mütterlichen und der kindlichen Liebe. Am Ende des Gartens bietet eine stilistisch an die Teepavillons von Landhäusern angelehnte Gloriette Gelegenheit, die frische Luft und ein Getränk zu genießen, während man seinen Blick durch den Garten mit seinen buchsbaumgesäumten Alleen wandern läßt.

Das Van-Brienen-Haus, erbaut im siebzehnten Jahrhundert und im achtzehnten von der Familie Rutgers renoviert, ist seit 1918 Sitz der Hendrick-de-Keyser-Vereinigung, die sich der

Der Pavillon, der den Garten des Van-Brienen-Hauses beschließt, in dem die Hendrick-de-Keyser-Vereinigung ihren Sitz hat, war einst zu Ehren der Besucher als Teepavillon errichtet worden (unten).

Im hellen Innenhof steht eine Frauenstatue mit Weihrauchgefäß und Storch (gegenüber).

Konservierung des altniederländischen Baubestands widmet, und bietet das beste Beispiel für ein integriertes Wohn- und Handelshaus. Die über dem Piano nobile und – zur Erleichterung des Warenumschlags – vom Kai her gesehen im Untergeschoß befindlichen Lagerräume fassen den behaglichen Wohntrakt ein, der meist zum Garten hin liegt, während die zum Kai hin gelegenen Räumlichkeiten den Büros vorbehalten sind. Diese in der ganzen Stadt weitverbreitete Aufteilung zeugt noch von der Handelstätigkeit der Kaufleute, bei der es vor allem auf schnelle Lieferung ankam.

An der Herengracht verfügt heute auch der Amsterdamer Bürgermeister über eine offizielle Residenz zum Empfang seiner Gäste. Das Haus wurde 1671 für Paulus Godin, einen Kaufmann hugenottischer Abstammung und Administrator der Ostindischen Compagnie, gebaut; der Name des Architekten ist nicht überliefert. Eigentümlicherweise wies es keine Freitreppe auf, sondern einen kurzen, von zwei Steinsäulen gerahmten Treppenlauf, wobei die Lagertüren seitlich angebracht waren. Ein Nachkomme von Paulus Godin beauftragte um 1790 Abraham van der Hart, der zu den Hauptvertretern der klassischen Amsterdamer Schule zählte und zum Beispiel das Maagdenhuis (Mädchenwaisenhaus) entworfen hatte, den Bau innen wie außen dem aktuellen Geschmack anzupassen. Während die Umgestaltung der Fassade lediglich im Sinne einer Ausdünnung vollzogen

Im ersten Stock des Van-Brienen-Hauses befindet sich der wundervoll ausgemalte Salon, der zur Gartenseite liegt. Die Landschaftsbilder sind das Werk von Dirk Dalens, die Bemalung über dem Kamin und an der Decke stammt von Antonie Helliger (rechts).

Die Wandteppiche, die das Speisezimmer des Amsterdamer Bürgermeisters schmücken, traten erst 1804 an die Stelle eines blauen Damastbehangs (gegenüber).

wurde, bei der alle ursprünglichen Schmuckmotive verlorengingen, erfuhr der Innenbereich einschneidendere Veränderungen. Die Lagerräume wurden umfunktioniert, um Platz für Empfänge und die vermehrte Zahl von Hausangestellten zu gewinnen. Für die Innenausstattung setzte van der Hart den reinsten Louis-XVI-Stil durch, wie er damals in ganz Europa vorherrschte. Indem jeder Bezug auf Einheimisches entfiel, wurde der Bau zum Prototyp einer kosmopolitischen Ästhetik und signalisierte gleichzeitig eine Ökonomie, die fortan mehr auf finanziellen Transaktionen als auf reinen Warenhandel gründete. Neoklassizistisch gehaltene Holztäfelungen, Kamine von nüchterner Form, mit Szenen aus der griechischen Mythologie verziert, Sopraporten mit allegorischen Darstellungen, Gobelins mit kolorierten Rankenornamenten à la Berain, weitläufige, aber stets an Wohnlichkeit orientierte Proportionen, mit alledem ist dieses Gebäude bestens für seine neue Funktion als offizieller Gästeempfang eingerichtet. Und doch vermittelt es gleichzeitig ein Gefühl von Geborgenheit in den Apartments, die im zweiten Stock zur Verfügung stehen und von wo man auf einen französischen Garten blickt, an dessen Ende sich eine entzückende Gloriette befindet.

Den französischen Garten im Haus des Amsterdamer Bürgermeisters beschließt eine Gloriette (oben).

Ein majestätischer Kronleuchter aus Bergkristall beleuchtet den im Louis-XVI-Stil eingerichteten, reich mit Gold und Stuck geschmückten Raum. Pausbäckige Putten in Grisaille, die zu Ehren von Jacob de Wit, der sie zu Hunderten malte, den Spitznamen »witjes« tragen, befinden sich über den Türen (rechts).

Die großen Amsterdamer Kaufleute bevorzugten es, in der Stadt zu wohnen, im Nervenzentrum ihrer ökonomischen und politischen Aktivitäten, wo sie ein strenges oligarchisches Regiment führten, das oft mit der eher auf die Bevölkerung und den Adel der Landprovinzen gestützten Macht der Prinzen von Nassau-Oranien kollidierte. Die holländische Aristokratie hielt vielfach die Tradition der Landesherrschaft noch aufrecht und übernahm damit auch die Aufgabe der militärischen Verteidigung der Niederlande.

Das zwischen Amsterdam und Den Haag gelegene Schloß Duivenvoorde, dessen Grundmauern aus dem Jahre 1226 stammen, ist Zeuge der aristokratischen Lebensweise und ihrer Entwicklung. Von Anbeginn bewohnte es die Familie van Wassenaer – einige Angehörige standen den Prinzen von Oranien sehr nahe, namentlich Arend van Wassenaer (Sohn des Bauherrn, der dem Schloß seine heutige Form gab), der den Statthalter Wilhelm III. von Oranien nach England begleitete und dort die Tochter des Grafen von Portland heiratete. Dank der königlichen Protektion konnte er zur Umgestaltung des großen Ballsaales den aus Frankreich geflüchteten Hugenotten Daniel Marot heranziehen, der bereits zahlreiche Patrizierhäuser in Den Haag errichtet und dort auch die Enfilade-Anordnung der Zimmer durchgesetzt hatte sowie am Um- und Ausbau des Königsschlosses Het Loo bei Apeldoorn, östlich von Amsterdam, mitgewirkt hatte.

Der Hauptbau, der auf den mittelalterlichen Grundmauern von Duivenvoorde steht, wurde im ersten Drittel des siebzehnten Jahrhunderts um zwei Flügel erweitert, die eine sich über dem Kanal erhebende Terrasse einrahmen, geziert mit Steinvasen aus einem alten französischen Garten. Das Schloß verbindet die Atmosphäre der Adelssitze des Goldenen Jahrhunderts mit den komfortableren, raffinierteren Annehmlichkeiten des achtzehnten Jahrhunderts und beherbergt eine schöne Sammlung von Kunstgegenständen und Möbeln, einen beachtlichen Bestand von Delfter Fayencen und chinesischem Porzellan und ein türkisches Zimmer, wie man es gegen Ende des neunzehnten Jahrhunderts schätzte, sowie eine Bibliothek mit alten Werken. Duivenvoorde, diese Anthologie vom Interessantesten, was das holländische Kunstgewerbe hervorgebracht hat, verdankt seinen Bestand der Tatsache, daß es sieben Jahrhunderte hindurch nicht verkauft wurde, bis Baronin Ludolphine Schimmelpenninck van der Oye es einem mit seiner Pflege betrauten Verein überschrieb, der eine umfassende Restaurierung durchführte.

Leben im Schloß

Schloß Muiden mit seinen mächtigen Mauern aus rotem Backstein. Durch eins der hohen Fenster sieht man die typische Form eines großen Messingkronleuchters (oben).

Die elegante symmetrische Fassade des Schlosses Duivenvoorde, das im Goldenen Jahrhundert gebaut wurde, wird bestimmt von den hohen Fenstern mit ihren vielen Sprossen (gegenüber).

An der Vecht, zu allen Zeiten eine bevorzugte Feriengegend der Amsterdamer, erhebt sich Schloß Muiden (Muiderslot), dessen mittelalterliche Schroffheit weniger an ländliche Freuden erinnert als vielmehr an rauhe kriegerische Zeiten. Als strategischer Handelsachse zwischen Utrecht und den Häfen der Nordsee kam der Vecht für das holländische Wirtschaftsleben eminente Bedeutung zu; der Verlust ihrer Kontrolle vermochte ganze Regionen in Hungersnot zu stürzen, so daß man sie zum Schutz mit wehrhaften Festungen säumte. Schloß Muiden wurde Anfang des dreizehnten Jahrhunderts erbaut und ab 1370 vollständig umgestaltet, wobei die Wohnquartiere um einen abweisend anmutenden Innenhof gruppiert wurden.

Als seine zentrale Rolle beim Widerstand gegen die Spanier ausgespielt war, beheimatete das Schloß nicht mehr die Götter des Krieges, sondern die der Kunst. Denn hier lebte der Dichter und Dramatiker Pieter Cornelisz. Hooft, um den sich ein Literaturzirkel scharte, der mit den »Précieuses« des Pariser »Hôtel de Rambouillet« wetteiferte. Der »Muiderkring« verband das humanistische Ideal der italienischen Renaissane mit der liberalen und toleranten

Schloß Duivenvoorde beherbergt einige der schönsten Privatsammlungen des Landes. Ein Deckelpokal deutscher Herkunft und eine Sammlung englischer Gläser, die im achtzehnten Jahrhundert in Holland graviert wurden, belegen das hohe Ansehen, das die holländischen Graveure genossen, denen man Glas aus ganz Europa zusandte, damit sie daran ihre Fertigkeit unter Beweis stellten. Oftmals waren diese Gläser Unikate und dienten als Andenken an außergewöhnliche Geschehnisse wie Hochzeit, Taufe, eine Reise, oder sie zeigten einfach das Familienwappen (links).

Ein Loosdrechter Porzellanservice, präsentiert in einem Louis-XIV-Büffet, erinnert an das traurige Los der Manufaktur, die sich trotz der hohen Qualität ihrer Produkte gegenüber der französischen und englischen Konkurrenz nicht behaupten konnte und 1784, nach nur zehn Jahren Bestand, ihre Pforten schließen mußte (links).

Auf einer Louis-XV-Kommode stehen Porzellanwaren aus Loosdrecht und Meißen neben französischen Figurinen aus Biskuitporzellan (oben).

Schloß Duivenvoorde ist heute im Besitz einer Stiftung und kann für Feste oder Zeremonien angemietet werden. Brautleute wählen es häufig als festlichen Rahmen für ihren Hochzeitsempfang (oben).

Um das Schloß ist ein englischer Garten angelegt, der im zweiten Weltkrieg schwere Bombenschäden erlitt. Die Brücken sind mit einer äußerst seltenen Sammlung von Terrakotta-Vasen geschmückt (rechts).

In der Wäschekammer unter dem Dach hat sich nichts verändert, von den Mangeln und Schleudern bis zu den in »fly blue« bemalten Möbeln – ein Blauton, der Fliegen fernhalten soll (gegenüber).

Gesinnung Hollands – ihm gehörten so bedeutende Männer wie der große Dichter Joost van den Vondel, der Komponist Jan Pieters Sweelinck, der Gelehrte Constantijn Huygens sowie Descartes an. Diese allen Künsten und intellektuellen Spekulationen aufgeschlossene Gemeinschaft gelehrter Geister hatte in dieser unwirtlichen Bastion ein Sinnbild dafür gefunden, was Holland im Jahrhundert der Kriege und der Intoleranz war: ein Bollwerk der Freiheit. Nach dieser glorreichen Epoche wechselte das Schloß mehrfach die Besitzer. Anfang dieses Jahrhunderts wurde es sorgfältig restauriert und dokumentiert seitdem vielleicht besser, als jedes Stadtdomizil mit seinen sukzessiven Veränderungen es könnte, die authentische Atmosphäre des Goldenen Jahrhunderts.

Der unter Denkmalschutz stehende Garten wurde genau so wiederhergestellt, wie er zu Hoofts Zeiten bestand. Die Anlage basiert auf einem strengen, an der Mittelachse des Schlosses orientierten, von Buchsbaumhecken umrissenen Plan und enthält ein Ensemble von Heil- und Duftpflanzen, das als buntes Durcheinander mit der strengen Umgebung kontrastiert. Am Duftpflanzenbeet entlang führt ein wunderschöner Laubengang aus Linden nach Art der Renaissancegärten.

Das Porträt des berühmtesten Bewohners von Schloß Muiden, des Dichters Pieter Cornelisz. Hooft, 1629 von Michiel van Mierevelt gemalt, hängt über einem Zahltisch aus dem siebzehnten Jahrhundert, auf dessen Steinplatte der Kassierer am Klang prüfen konnte, ob die Münzen echt oder falsch waren. Dank einer verstellbaren Lehne gestattet es die Bank vor dem mit Delfter Kacheln verkleideten Kamin, sich entweder mit dem Gesicht oder mit dem Rücken zum Feuer zu setzen. Auf der anderen Seite der Feuerstelle zeigt ein Gemälde die Freunde, die den »Muiderkring« bildeten.

Der nach zeitgenössischen Plänen rekonstruierte Garten von Schloß Muiden vereint Heilkräuter aller Art zu einem hübschen Farbenspiel, eingerahmt von streng geschnittenen Buchsbaumhecken (oben).

Das von dicken runden Türmen flankierte Schloß hat nach wie vor ein kriegerisches Aussehen, gemildert von der üppigen Fülle des Gartens. Dem typischen Grundriß der damaligen Zeit entsprechend ist der Wohntrakt um einen eckigen Hof herum angelegt (rechts).

Ein Laubengang, durch dessen Öffnungen das Sommerlicht spärlichen Einlaß findet, führt zum in Stein gebannten Bild einer Muse des »Muiderkring« (gegenüber).

Das benachbarte Schloß Sypesteyn, ebenso geschichtsträchtig, wurde 1911 auf dem Baugrund einer mittelalterlichen Burg errichtet. Der Bauherr, Jonkheer C.H.C.A. van Sypesteyn, ist der Autor eines umfangreichen Werks über die alten Gärten der Niederlande. Neben der Arbeit an seinem Buch plante der rührige Landadelige diesen von Wassergräben umzogenen Wohnsitz im Renaissancestil, um darin unter anderem seine überaus reiche Sammlung von alten Loosdrechter, Weesper und Amsteler Porzellanwaren unterzubringen. Mangels ausreichender finanzieller Mittel konnte er seine Pläne allerdings nicht zu Ende führen. Doch er hat immerhin ein interessantes Museum mit Skulpturen, Waffen, Silbergeschirr, Kunstgegenständen und Möbeln hinterlassen.

Der Besucher betritt den Park durch eine kleine Holztür, die sich in einer alten Steinmauer befindet. Er wird empfangen von einem Teppich blühender Tulpen, an den sich schmale Kolonnen geschnittener Eiben anschließen. Die wegen ihrer Schönheit berühmten Beete mit farbenfrohen Blumen und von gestutzten Buchsbäumen gesäumten Rosen führen ihn zu einem Labyrinth aus Buchen und *Taxus baccata,* und schließlich gelangt er, jenseits der Wassergräben, in einen Wald, der zum Spaziergang einlädt. Sypesteyn – ein verrückter und zugleich bescheidener Traum – ist trotz seines unvollendeten Zustands mehr als eine reine Kuriosität: Es ist ein außergewöhnliches und anachronistisches Sinnbild dafür, wie sehr die Holländer ihrer Lebensart verbunden sind.

Im Speisesaal des Schlosses von Sypesteyn kann man eine mit einem Damasttischtuch aus dem achtzehnten Jahrhundert sowie mit einem Loosdrechter Porzellanservice mit Vogelmotiven gedeckte Tafel bewundern. Beiderseits des Vitrinenschranks, der Porzellanwaren der Gegend enthält, hängen die Bildnisse vom Gründer der Loosdrechter Porzellanmanufaktur und seiner Frau.

Schloß Sypesteyn, das erst 1911 gebaut wurde, beherbergt ein bemerkenswertes Museum mit herrlichen Sammlungen. Es wurde im Stil des sechzehnten Jahrhunderts errichtet (unten).

Hinter den Wassergräben versperren majestätische blaue Gitter den Eingang zu einem Park, in dem um ein Buchsbaumlabyrinth herum Blumenbeete leuchten und zu dem auch ein kleiner Wald gehört. Einmal pro Woche wird der Park von feiwilligen Helfern gepflegt (oben und rechts).

Wenn die Nacht über die Stadt hereingebrochen ist und die Lichter angehen, spiegelt sich Amsterdam im stillen Gewässer der Grachten, und der Fußgänger kann das sich unendlich oft wiederholende Spiegelbild harmonischer Fassadenfluchten betrachten.

Ist es die schwindelerregende Wiederholung dieses Spiegelbildes, die die Sammelleidenschaft der Amsterdamer hervorgerufen hat? Nun, da sie die Erben einer erlauchten Kaufmannstradition sind, haben sie rasch die einfache Lust des Sammelns mit der Passion für das Schöne verknüpft. Diese Stadt ist ein in sich geschlossenes Universum, an dessen Gestade das Treibgut unzähliger Dinge aus aller Welt gespült wird, und so findet der besessene Sammler hier ideale Voraussetzungen für seine fixe Idee. Seine Sammlung schreibt sich ein in eine Liste vieler anderer Sammlungen, zu denen er Zugang hat und die sein Verlangen, den Traum vom Unikat, erwecken: Höhepunkt des Sammelns, angesiedelt zwischen Euphorie und Frustration, die die Suche nach dem Schönen bedeuten.

In dem 1640 errichteten und oftmals umgebauten Haus an der Keizersgracht, wo Ronald de Leeuw wohnt, stehen in der Bibliothek, im »achterhuis«, Originalausgaben von Byrons Werken neben einer umfassenden Sammlung der Schriften des Dichters und Dramatikers Joost van den Vondel, dessen Bedeutung des öfteren mit der seines Zeitgenossen Rembrandt verglichen wurde, auch wenn er seine Neigung zu monumentalen Kompositionen und zur Üppigkeit eher mit Rubens geteilt haben dürfte. Die Amsterdamer scheinen diesen Mann des Widerspruchs, der als Protestant zur Welt kam und zum größten katholischen Dichter Hollands wurde, nichts nachzutragen. Sie bringen ihm geradezu kultische Verehrung entgegen und haben den im vergangenen Jahrhundert angelegten, wunderschönen englischen Garten nach ihm benannt.

Die Sammler

Ronald de Leeuw, der Direktor des Van-Gogh-Museums, wohnt in einem Haus aus dem siebzehnten Jahrhundert. Zimmer und Küche im Erdgeschoß liegen auf gleicher Höhe zum Garten, den der Landschaftsgestalter Michael van Garrel angelegt hat (oben).

In den Empfangsräumen des Obergeschosses befinden sich holländische Möbel aus dem achtzehnten Jahrhundert. In seiner Bibliothek stehen Originalausgaben von Byrons Werken neben einer umfassenden Sammlung der Schriften von Vondel. Und auf einem Tisch liegen Kassettenbücher, in denen eine Sammlung von Medaillons mit mythologischen Darstellungen aufbewahrt wird (gegenüber).

Im Erdgeschoß dieses schlichten Hauses liegen ein Zimmer und die Küche ebenerdig zu einem kleinen Garten mit geschnittenen Buchsbäumen, den Michael van Garrel gestaltet hat. Das Zimmer hat die Größe eines kleinen Salons, in dem man am Wochenende in aller Ruhe faulenzen, Musik hören und in Büchern und Zeitschriften schmökern kann. Mit ihrer raffinierten Einfachheit bietet die Küche ein Musterbeispiel holländischer Lebenskunst. Die holländischen Möbel im ersten Stock, aus dem achtzehnten Jahrhundert, führen eine elegante, verschwiegene Zwiesprache mit Reiseandenken aus Asien, japanischen Schalen des vorigen Jahrhunderts und einem goldlackierten Eßgeschirr, das zu Beginn des Jahrhunderts für einen niederländischen Botschafter in Tokio hergestellt wurde. Auf derselben Etage empfängt der Hausherr seine Besucher in der Bibliothek, wo zwischen alten Obelisken, Gipsmedaillons und Gemälden des siebzehnten Jahrhunderts seine erste Erwerbung thront, ein großartiges Gemälde, das einen »Edelmann mit Sonnenblume« darstellt (für den jungen Studenten, der mit kaum sechsunddreißig Jahren Direktor des Van-Gogh-Museums werden sollte, ein denkwürdiges Vorzeichen) und Gerard van Honthorst zugeschrieben wird.

Auf die gleiche Bibliophilie – neben der Leidenschaft für Tabak, Kaffee und Gewürze eine dieser großen Passionen, die die Amsterdamer gemeinsam haben – trifft man bei dem Publizisten und Fernsehmann Boudewijn Büch. Werke Goethes, unzählige Bände über den Dichter, alte Atlanten, Karten von Blaeu, Reiseberichte und alles über die Dodos, diese legendären, ausgestorbenen Vögel von der Insel Mauritius, hat er in seiner riesigen, zweistöckigen, aus tropischem Holz geschreinerten Bibliothek mit Galerie zusammengetragen, in der anstelle

Napoli

In seiner wunderschönen Küche, die nach denselben Plänen gestaltet wurde wie die des Bartolotti-Hauses, so daß sie den herrlichen holländischen Küchen des Goldenen Jahrhunderts gleicht, und die mit ländlichem Mobiliar ausgestattet ist (rechts), hat Ronald de Leeuw den Tisch mit italienischem Ginori-Porzellan sowie mit Gläsern und Silberbesteck holländischer und französischer Herkunft aus dem achtzehnten Jahrhundert gedeckt. Auf den Tellern stehen kleine Wiener Cassolettes (oben).

eines Kronleuchters ein Globus hängt. Auch hier das Bemühen um die Bequemlichkeit des Lesers, der an einem großen runden Tisch einige der bibliophilen Kostbarkeiten studieren oder es sich in einer Salonecke mit Möbeln aus dem vorigen Jahrhundert zum Träumen gemütlich machen kann.

Wer in der Gegend der Prinsengracht flaniert, wird vielleicht auf einen Mann mit prächtigem rotem Schnurrbart stoßen: kein Oger, auch wenn er auf den ersten Blick einem Märchen entlaufen scheint. Couzijn Simon betreibt in den Räumen einer ehemaligen Apotheke aus dem achtzehnten Jahrhundert, deren Holztäfelungen er belassen hat, einen Laden. Hier verkauft er alte Spielsachen, Wachspuppen und Blechspielzeug. Genauso lebhaft wie sein Schnurr-

Der Publizist und Fernsehmacher Boudewijn Büch zieht sich, wenn er Inspiration sucht, zwischen die geliebten Bücher seiner Bibliothek zurück. Pieter van de Zwarn hat sie entworfen und mit Empiremöbeln eingerichtet. Gestrichen ist sie in einem ganz besonderen Blau, wie man es auch in der Leidse Bibliotheca Thysiana aus dem achtzehnten Jahrhundert findet. Der deutsche Globus aus dem neunzehnten Jahrhundert hat im Laufe der Zeit eine sehr schöne Patina angesetzt (links).

In einer ehemaligen Apotheke an der Prinsengracht hat Couzijn Simon eine seltsam anmutende Welt aus alten Puppen und Spielzeug komponiert. In diesem Ambiente des achtzehnten Jahrhunderts muß ein modernes Bild von Anton Heybour auffallen, dessen Alleinvertretung der Hausherr innehat (oben und rechts).

An die Salonwände hat Couzijn Simon eine Sammlung von naiven Miniaturen in Pastell aus dem achtzehnten und neunzehnten Jahrhundert gehängt (links), und überall im Haus stehen Teile seiner Sammlung von Kaffeekannen, Blechspielzeug und anderen Kindersachen (oben).

bart, den er jeden Sonntag frisch färbt, ist die Einrichtung seiner Wohnung. Ein in Rosa und Blau gehaltener Salon voll mit naiven Pastellminiaturen – ein weiterer in Rot und Grün, mit einem mächtigen Empirekamin. Die sonderbare Welt, die dort beheimatet ist, besteht aus in sich zusammengesunkenen Wachspuppen aus Hoorn (siebzehntes Jahrhundert) oder Nordholland (achtzehntes Jahrhundert), blechernen Keksdosen in Flugzeugform und mechanischen Hühnern und Enten, die, sobald die zwölf Schläge von Mitternacht erklingen, unter einem wunderschönen holländischen Kronleuchter aus dem achtzehnten Jahrhundert eine infernalische Sarabande aufführen. Doch in diesem etwas altertümlichen Ambiente mit dem Charme eines Puppenhauses lauern noch weitere Überraschungen auf den Besucher, der, wenn er eine weitere Tür aufstößt, gewiß nicht damit rechnet, einen kargen, Ruhe ausstrahlenden Salon zu betreten, in dem sich die Moderne in Gestalt nachgebauter Sitzmöbel und Tische aus Chrom und Glas von Eileen Gray präsentiert. Couzijn Simon, diese kauzige Gestalt, die eher dem Universum eines Lewis Carroll entsprungen zu sein scheint als der Banalität des Alltags, hegt außerdem eine ausgeprägte Neigung zu Blumen. In seinem zauberhaften Garten, in dem ein kleiner Pavillon als Zwischenlager für die Werke seines Malerfreundes Anton Heybour dient, dessen Alleinvertretung er innehat, züchtet er prächtige Topfkamelien, die seine Besucher endgültig der Faszination dieser verborgenen, zerbrechlichen Wunderwelt erliegen lassen.

Ein anderes Haus, eine andere, doch ebenso kauzige Welt bei Peter Gabriëlse. Das Dekadente und das Klassische finden hier zueinander und erzeugen eine schillernde Welt, angesiedelt zwischen naturgetreuem Realismus und Phantasmagorie. Bei jedem seiner aus Abfallmaterialien hergestellten, an Puppenheime erinnernden Modelle, die in seinem Haus Bestandteile der Alltagswirklichkeit sind, ist irgend etwas völlig aus der Proportion geraten – sie sind Dreh- und Angelpunkt einer Umgebung, die, einer undurchdringlichen Allegorie gleich, dem Betrachter Rätsel aufgibt, ihm vorgaukelt, in der verwirrenden und mysteriösen Atmosphäre das Unsagbare greifen zu können. Das Haus verbirgt sich am Ufer eines Nebenflusses der Vecht hinter einem Spalier von vier Linden. Alles in dieser Ende des vorigen Jahrhunderts gebauten Käserei scheint zunächst vom Zufall bestimmt, doch es zwingt sich rasch die Einsicht auf, daß diese vermeintliche Unordnung dem Gestaltungswillen eines echten Liebhabers entspringt. Nichts ist grundlos, weder in der Auswahl noch in der Anordnung der Dinge, und so banal sie auch erscheinen mögen, sie sind die Akteure eines Gesprächs, das ihre Existenz rechtfertigt. Schauspiel überall, aber diskret, es teilt sich nur in Anspielungen mit, verändert sich je nach Stimmung des Besuchers, dem die Deutung der Stilleben, dieser Interaktion der Dinge, freigestellt ist. In dieser Phantasiekulisse fallen in ihrer Demut anrührende Reliquien vergangener Zeiten auf, so etwa ein fein geschreinerter Bauernalkoven aus hellem und unbehandeltem Holz oder ein Möbelstück, in dem Torf aufbewahrt wurde, ein wertvolles Brennmaterial für so ein rohstoffarmes Land. In dem mit schlichten Dielen ausgestatteten Wohnzimmer offenbaren ein holländischer Schreibtisch und ein Schrank voll mit Delfter Porzellan die Zeitlosigkeit, die der Kunstliebhaber unweigerlich mit den Interieurs vergangener Zeiten assoziiert, deren einfache, aber immer vollendet geformten und sorgfältig angeordneten Gegenstände sich dem Blick nicht aufdrängen, sondern eher zum Träumen anregen: Es ist, als hüteten diese sparsamen und doch zugleich warmen Interieurs, denen sich die Maler mit Vorliebe widmeten, hinter ihrem unscheinbaren Äußeren

Im Atelier und Wohnhaus von Peter Gabriëlse sind die von ihm hergestellten und an Puppenheime erinnernden kleinen Schaukästen Bestandteile der Alltagswirklichkeit (rechts). Den Kamin im Salon zieren hölzerne Leuchter und Delfter Teller, deren Schmuckmotive chinesischem Porzellan entlehnt sind. Vor Fensterläden aus dem achtzehnten Jahrhundert stapeln sich alte Bücher (unten).

KROES

Die Pastelle, die Peter Gabriëlses Atelier schmücken, stammen von Jelgerhuis, einem Wanderporträtisten, der Anfang des neunzehnten Jahrhunderts von Stadt zu Stadt durch die Niederlande zog und Bürger porträtierte. Auf der Ladentheke aus dem Jahre 1920 steht auf einem Schubladenschränkchen eines Uhrmachers eine Statue des heiligen Michael, der den Drachen zur Strecke bringt (oben).

Die Lehne eines holländischen Stuhls aus dem achtzehnten Jahrhundert hebt sich gegen eine mit Cordobaleder geschmückte Wand ab (links). In vielen Patrizierhäusern des siebzehnten Jahrhunderts findet man diesen ausgefallenen Wandschmuck aus geprägtem Leder, auf das mittels einer aus Spanien eingeführten Technik Ornamente aufgetragen wurden.

Im Salon sind zwei Vitrinenschränke in die Wand eingebaut, in denen Delfter Fayencen und Porzellan aus Leeds aufbewahrt sind (gegenüber).

stets ein Geheimnis. Verschlossen, aber dennoch dem Blick des Betrachters zugänglich, erzählen sie von einem bedächtigen Leben abseits der Dramen, die die Außenwelt in Atem halten. Das Leben ist in ihnen gegenwärtig, aber abgeschirmt. In der Werkstatt kommen an einer Ladentheke, eine in ihrer Zurückhaltung harmonische Konstruktion, die die ganze Wand einnimmt, die verschiedensten Elemente in Berührung, die in schönen subtilen Farbverhältnissen zueinander stehen: Cordobaleder, alte Partituren, patiniertes Holz, vergilbte Pergamente. Peter Gabriëlse entstammt einer Familie von Antiquitätenhändlern; die alten Möbel, die Schmuckgegenstände, die dem Verfall entronnenen Utensilien haben ihn während seiner ganzen Kindheit begleitet. Keines der Teile ist überflüssig; das sonderbarste ist vielleicht gerade das notwendigste.

Auf die gleiche Weise werden sich vielleicht später einmal Elsbeth van Tets' Zwillinge – zwei prächtige Mädchen – an ihre Kindheit erinnern, die sie bei ihrer Mutter, einer Antiquitätenhändlerin, verbracht haben, in einem der schönsten Häuser der Keizersgracht, das mitten im Goldenen Jahrhundert erbaut und im achtzehnten Jahrhundert umgestaltet worden ist. Der Familienwohnsitz ist zugleich auch Ausstellungsort, und man scheint sich in diesem Haus nicht um die vom Leben gewöhnlich gesteckten Grenzen zu kümmern; auch die den Kunden vorbehaltenen Räume wirken derart privat, daß man nie so recht weiß, in welchem Bereich des Hauses man sich befindet. Geht man eine kleine Treppe hinauf, gelangt man in ein Schlafzimmer, von dessen Fenster man einen Blick in einen streng gestalteten italienischen Garten hat. Weiter oben befindet sich ein Salon, wo Elsbeth van Tets, die Vorstandsmitglied des Haager Mauritshuis ist und sich darauf versteht, über chinesische Antiken genauso fachkundig wie über Meisterwerke holländischer Malerei zu parlieren, ihre von unzähligen Reisen mitgebrachten Fundstücke aufbewahrt. Die Küche im Zwischengeschoß, anhand von Modellen des siebzehnten Jahrhunderts getreu rekonstruiert, geht in den Garten über und läßt einmal mehr an etliche Gemälde denken, in denen eine halbgeöffnete Tür zum Hof oder zum Garten eine Kommunikation zwischen Innen- und Außenraum ermöglicht und somit dem Blick eine Fluchtlinie anbietet – ein weiterer Beweis für den atavistischen Hang zu Transparenz.

Auf der Treppe des Hauses von Elsbeth van Tets schaut ein altes »dummy board« auf einen Vogelbauer (ganz oben).

In der Küche stehen drei merkwürdig anmutende Stühle, die mit einer Schablone bemalt wurden (oben).

Unter einem englischen Gemälde aus dem neunzehnten Jahrhundert sitzen auf einer Recamiere drei deutsche Puppen (gegenüber).

Wie ihre Kollegen ringsum öffnet Elsbeth van Tets zweimal im Jahr ihr Haus dem Publikum. Das restliche Jahr über empfängt sie nur nach vorheriger Vereinbarung. Die Besucher gewinnen den Eindruck, in einem Privathaushalt empfangen zu werden, in dem sich nicht alles ums Geschäft dreht. Ganz ähnlich empfindet man im Haus des Innenarchitekten und Antiquitätenhändlers Anne-Paul Brinkman, ein paar Schritte weiter an der Keizersgracht, der zum reinen Privatvergnügen eine Sammlung feinster Möbel und Objekte angelegt hat. Er sieht es gerne, wenn man ihm die Türschlüssel überläßt und er das gesamte Haus gestalten kann – von den Hauptkomponenten bis in die Details hinein, die ja oftmals aufschlußreiche Indizien für einen sicheren Geschmack sind. Es gelingt ihm immer wieder, eine aus dem Goldenen Jahrhundert überlieferte barocke Stimmung in unserer Zeit wiederherzustellen, und er stattet Einrichtungen, die Gefahr laufen, starr zu wirken, vorzugsweise mit visuellen Überraschungen aus. Er versteht es, ein Dekor mit Hilfe überproportionierter Schmuckgegenstände spielerisch zu ordnen und ihm spannende Perspektiven zu verleihen.

Sehr viel systematischer geht es bei dem Maler Corstiaan de Vries zu: Das Dekor der weißgoldenen Täfelung tritt diskret hinter seine vielgestaltigen, alten Elfenbeinobjekte zurück, die er dezent zur Geltung bringt und zugleich behütet. Bei diesem Künstler, der gern als Kari-

Das Tiergemälde, ein Blickfang im Salon von Elsbeth van Tets, stammt von John Griffler, einem holländischen Maler des frühen achtzehnten Jahrhunderts. Es hängt über einer Empirebank, die von zwei italienischen Kommoden aus Nußbaum flankiert wird (links).

Die Fliesen aus dem achtzehnten Jahrhundert neben der Kochfläche sind mit Darstellungen kleiner Vogelbauern verziert, einem typischen Schmuckmotiv der Epoche (links).

Vom romantisch eingerichteten Schlafzimmer kann man in einen italienischen Garten blicken (ganz oben).

Das Zimmer der Zwillingstöchter unter dem Dach ist mit zwei großen holländischen Betten aus dem neunzehnten Jahrhundert ausgestattet (oben).

katurist tätig ist und im ältesten Viertel von Amsterdam ein zu Beginn des Jahrhunderts gebautes Haus bewohnt, in dem sich ursprünglich die Büros einer Tee- und Kaffeehandelsgesellschaft befanden, verwundert solche Zurückhaltung. Sie schwindet jedoch auf der Schwelle zu seiner Sammlung von Objekten, die er von zahlreichen Reisen mitgebracht hat und die zum Teil unvermutete Symbiosen eingehen: Unter dem meditativen Blick eines großen tibetanischen Buddha stehen eine geräumige Badewanne sowie ein Tisch, an dem er sich häufig mit seinen Freunden zu improvisierten Abendessen zusammenfindet, in deren Verlauf des öfteren auf einem makellosen Bechstein-Flügel Beethoven-Sonaten gespielt werden.

Die Sammlungen, auf die man im Lauf dieser Begegnungen trifft, entziehen sich jeder Klassifikation. Oft sind sie von Ästheten angelegt worden, denen es einzig und allein um die Schönheit ging. Fernab von krämerhafter Sammelwut und spekulativen Absichten gingen sie dabei bewußt subjektiv vor und sagten sich von der Hierarchie der Werte los, um sich zur Ordnung des Verführerischen zu bekennen. Seit dem Goldenen Jahrhundert liebten es die Amsterdamer, Objekte aller Art zu erwerben, und sie haben oft genug ein Vermögen dafür aufgewandt.

Und wenn auch die Verschwendungssucht nicht mehr zu den Gewohnheiten unserer Zeit zählt – die Leidenschaft und zuweilen wohl auch die Tendenz zum Eigenbrötlertum sind lebendig geblieben.

Anne-Paul Brinkman ist sowohl Innenarchitekt als auch Antiquitätenhändler. Er hat sein Haus an der Keizersgracht vollständig umgestaltet. Auf dem Parkett, das von einem Schloß in den belgischen Ardennen stammt, steht ein mit lebhaftem Gelb bezogener Sessel. Darüber ein Selbstporträt des Berliner Malers Karl Homburg von 1920 (rechts). In der Eingangshalle im Haus des Porträtmalers Corstiaan de Vries lädt eine alte, weißgestrichene Holzbank zum Verweilen ein (gegenüber).

In den ehemaligen Büroräumen einer Tee- und Kaffeehandelsgesellschaft hat Corstiaan de Vries ein raffiniertes Apartment eingerichtet. De Vries inszeniert ausgetüftelte Kompositionen: So sitzt auf dem bei einem Antiquitätenhändler im Hafen aufgestöberten Kamin zwischen zwei mächtigen Kerzenhaltern aus dem neunzehnten Jahrhundert eine englische Schaufensterpuppe aus derselben Zeit, die eine venezianische Maske trägt und um deren Hals sich ein elfenbeinerner Rosenkranz windet (oben).

In die weiße Täfelung des Salons eingelassene Schränke beherbergen eine einzigartige Elfenbeinsammlung. Die italienischen Lampen stehen auf einem Glastisch, der von zwei in Thailand hergestellten Elefantenfiguren gestützt wird (rechts).

In der von Louis-XVI-Kerzenhaltern beleuchteten Eingangshalle ist unterhalb des holländischen Medaillons aus dem frühen achtzehnten Jahrhundert eine Sammlung alter Karaffen verschiedenster Herkunft ausgestellt (oben).

Für ein kleines Souper unter Freunden hat Corstiaan de Vries den Tisch mit einem großen Strauß Tulpen geschmückt, den er mit gelben Tellern auf silbernen Platztellern sowie mit Gläsern aus dem achtzehnten Jahrhundert gedeckt hat (links).

Amsterdam ist zwar mit den Kostbarkeiten des Goldenen Jahrhunderts reich ausstaffiert, doch die Stadt kann auch auf eine volkstümlichere Vergangenheit zurückblicken. Die Jahrhunderte hindurch spielte sich in den Häusern weitab von der Betriebsamkeit an den großen Kanälen, im Gewirr der Gassen und Höfchen zwischen Kirchen und Beginengemeinschaften ein einfaches Leben ab, dessen Rhythmus meist allein von der Ausfahrt und der Rückkehr der Seeleute abhing, in jenen Tagen, als Amsterdam noch ein großer Fischereihafen war.

Im alten Hafenviertel, in einem jener kleinen Häuschen, wie sie früher traditionell Marineoffiziere bewohnten, lebt heute ein Karzinologe. An vielen Kleinigkeiten ist abzulesen, um wieviel besser als in anderen Ländern Europas hier selbst die einfache Bevölkerung gestellt war. Ein mit weißem und schwarzem Marmor gefliester Boden, ein friesischer Schrank, ein von Zaandamer Handwerkern bemaltes Holzstühlchen, ein in die Wand eingelassener Wasserspender, der von einem Regenwasserspeicher gespeist wird – alles wahrt hier treu das Bild vom schlichten Leben der Seeleute früher. Über der Tür zur Küche, auf einem unvermuteten Fensterbord, schnurrt ein großer, schwarzer Kater. Das Fenster gehört zu einer Mansarde, in der einst die Dienstmagd wohnte, die auf diese Weise beim geringsten Ruf ihrer Herrschaft herbeieilen konnte.

Ein paar Schritte von hier bewohnt Inez Stodel, die in der Nieuwe Spiegelstraat ein Antiquitätengeschäft betreibt, ein kleines Haus aus dem siebzehnten Jahrhundert, das ihr Vorgänger, der Architekt Aldo van Eyck, vor etwa zwölf Jahren von Grund auf renoviert hat. Diese Straße ist nicht ganz so wie die anderen, denn ursprünglich standen hier weniger richtige Häuser als vielmehr alte Remisen. Häufig erreichte man von hier aus über den Hintereingang die

Kleine Häuser

Die kleine Straße in Hafennähe, die im siebzehnten Jahrhundert Marineoffizieren vorbehalten war, begeistert heute Musiker, Theaterschauspieler und Ärzte (oben).

Ein berühmter Chirurg hat sich dort mit Frau und Tochter in einem erstaunlich gut erhaltenen Haus niedergelassen. Es handelt sich um eine sehr musische Familie: Er betreibt nebenbei noch Bildhauerei, sie spielt Cello und die Tochter seit dem fünften Lebensjahr Violine. Ein besonders schönes Violinen-Exemplar, das ein Freund des Vaters gebaut hat, liegt hier auf einem Stuhl im Wohnraum. Der Hund der Familie hat es sich unter einem Marmorbecken gemütlich gemacht, das von einem Regenwasserbehälter gespeist wird (gegenüber).

Herrschaftshäuser an der Keizersgracht oder der Prinsengracht (der Pavillon am Ende des Gartens hinter dem Van-Loon-Haus ist das beste Beispiel dafür). Ein Kamin von strenger Geometrie in einem der Räume von Inez Stodel ist ein letztes Zeichen des Vorbesitzers. Mit dem ihr eigenen nüchternen Stil hat Inez Stodel um ihn herum ein paar ländliche Möbel aus Holland und England sowie eine Sammlung alter Karaffen gruppiert. Der seltsamste Einrichtungsgegenstand dieser Wohnung ist jedoch zweifellos der »rippenvleugel«, ein Flügel aus den dreißiger Jahren, der eigens für kleine Räume entwikkelt worden war. Sein Reiz besteht jedoch weniger in seiner Schönheit als in seinem sonderbaren Aussehen. Bei den Musikbegeisterten fand er keinen Anklang, und so hat er, obwohl er eigentlich für den allgemeinen Gebrauch bestimmt war, heute Seltenheitswert.

Ineke Schierenberg widmet sich neben ihrem Antiquitätenhandel auch der Innenarchitektur. Mit ihrem Mann Dieter, einem der großen, auf Naturwissenschaften spezialisierten Buchantiquare von Amsterdam, bewohnt sie an einem Nebenkanal der Innenstadt ein Haus aus dem Jahr 1672, dessen Charakter man seit damals gewahrt hat. Die sehr intime Zimmergröße, der mit Empirestühlen möblierte Salon, an dessen Wände Stiche hängen, und die lebhaften Farben einiger Webteppiche und Stoffe aus dem Kaschmir – alles verleiht dieser Wohnung, in der Details der Vergangenheit die Zeitläufte besser überstanden haben als andernorts, eine Atmosphäre freundlichen Raffinements. Das gleiche gilt auch für die Stuckverzierung, die den Treppenaufgang krönt, oder die durch Berliner Vitrinenschränke vom Anfang dieses Jahrhunderts vom Salon abgetrennte Küche, die den Charme vergangener Zeiten ausstrahlt.

Maryan Geluk, Konzeptkünstlerin mit Leib und Seele, hat sich in einem der berühmten »hofjes« niedergelassen. Ganz dem auf Reduk-

Die Antiquitätenhändlerin Inez Stodel hat sich eine Welt von großer Sachlichkeit geschaffen. Prunkstück ist der »rippenvleugel«, ein seltsamer Stutzflügel aus den dreißiger Jahren (oben und rechts). Lithographien aus Java und Sumatra, ein englischer Klappstuhl, ein afrikanischer Schemel und eine holländische Louis-XVI-Bank stellen die Einrichtung des Salons dar (oben).

Ein Gemälde von Albert Raoux aus dem Jahre 1860 hängt über einem ländlichen Klapptisch aus England, auf dem zwei Miniaturmöbel, eine Sammlung verschiedener Karaffen sowie ein sehr seltenes, rotes Geneverglas aus dem achtzehnten Jahrhundert zu sehen sind (gegenüber).

Die Konzeptkünstlerin Maryan Geluk bewohnt ein außergewöhnlich kleines Haus im Grill's hofje – eins von acht 1721 erbauten Häuschen, die eines dieser seltenen, wundervollen »hofjes« bilden. Möbliert hat sie es mit modernen Objekten, die sich durch schnörkelloses Design auszeichnen (oben und rechts).

In Schreibtischnähe beleuchtet eine Lampe von Rob Eckhardt eine Lithographie von Lae Molen sowie ein Nähmaschinengestell mit Marmorplatte (oben).

Ineke Schierenberg, spezialisiert auf die Restaurierung alter Häuser, ist Antiquitätenhändlerin und befaßt sich auch intensiv mit Innenarchitektur. In ihrem charmanten Häuschen an einem Nebenkanal konnte sie ihre originellen Ideen in die Tat umsetzen. Hinter den Berliner Vitrinenschränken vom Anfang dieses Jahrhunderts, die das Wohnzimmer von der Küche abteilen, hat sie zwischen den mit Tüchern aus dem siebzehnten Jahrhundert verhangenen Fenstern einen jener »damspiegel« angebracht, die dazu dienen, die engen Kammern solcher Wohnungen optisch zu vergrößern (gegenüber).

Pavilion

tion ausgerichteten Ideal ihrer Kunst entsprechend, hat sie sich nur mit spärlichem Mobiliar – einem Bett des Designers Rob Eckhardt, einem Sessel von Rijs Bakker – und ein paar Gemälden auf Holz von Ronald Medema eingerichtet. Von ihrem Fenster aus kann sie die ehrwürdigen alten Damen der Nachbarschaft beobachten, wie sie über ihre Gärtchen und Blumen wachen, in einer friedlichen Atmosphäre, in der offenbar der Lauf der Zeiten keine Bedeutung hat.

Verschont zu haben scheint die Zeit auch jenen Stadtteil vor den Toren Amsterdams, der entlang der Straße nach Haarlem liegt, deren Name an eine Etappe des holländischen Kampfes gegen die Nordsee erinnert. Vom ungestümen Wachstum der Stadt förmlich erdrückt, drängen sich ein paar Häuser um die Kirche. Ganz in der Nähe von hier wohnen der Maler Ger Lataster und seine Frau Hermine in einem Haus aus dem Jahre 1780. Zwischen den weißen Wänden des Salons steht auf hellen Holzdielen ein Pleyel-Klavier, das beweist, wie vielseitig begabt der Hausherr ist. Alles in diesem lichtdurchfluteten, von einem wunderschönen Garten umgebenen Haus scheint die Zurückgezogenheit des Künstlers schützen zu sollen.

In einem einfachen Wohnblock im Amsterdamer Süden verbirgt sich das poetische Universum, das Maria Hofker in winzigen, von ihren Zeichnungen überfluteten Zimmern geschaffen

Zum Haus des Malers Ger Lataster, der ehemaligen Pfarrei einer alten Kirche, gelangt man nur über einen romantischen Friedhof mit kreuz und quer liegenden, von Pflanzen überwucherten Gräbern. Von den Fenstern des weitläufigen Wohnraums mit seinem Dielenboden aus einem alten Speicherhaus blickt man in den Garten, den Hermine, die Hausherrin, liebevoll pflegt (oben und links).

Links und rechts von der Tür kann man die abstrakten, großformatigen Bilder des Künstlers sehen (rechts).

hat. Jeden Tag bringt sie Zeichnungen, Aquarelle und Notizen aus ihrem Vorstadtgarten mit nach Hause, denen sie sich dann im Winter widmet. In Dutzenden Bänden sind die farbigen Gartenmemoiren gebunden und aufbewahrt. Eines dieser kostbaren Originale befindet sich heute im Rijksmuseum, aber ein paar Eindrücke aus ihrem Zaubergarten kann der neugierige Leser auch einem Buch entnehmen, das sie vor ein paar Jahren veröffentlicht hat.

Bilder, die ihr Mann Willem Gerard Hofker und ihr Vater Georg Rueter gemalt haben, Mobiliar aus altem Familienbesitz und Andenken von Reisen in ferne Länder – Maria Hofkers Wohnung verrät viel über ihren ausgeprägten Sinn für Tradition. In einem Regal des kleinen Zimmers reihen sich rund vierzig Bände, in denen ihre Aquarelle und illustrierten Gedichte gebunden sind. Sie bezeugen ebenso wie die in der ganzen Wohnung verstreuten Skizzen und Aquarelle mit Blumenmotiven und die aus ihrem Garten täglich mitgebrachten aufgeblühten Rosen ihre leidenschaftliche Liebe zur Natur.

Im Kern der Altstadt, neben der reizenden Passage Oudemanhuispoort, die die Amsterdamer Universität durchquert und wo sich die Antiquariate reihen, bewohnt der Schriftsteller und Journalist Max van Rooy die vier Geschosse eines schmalen Gebäudes, das »voorhuis« und »achterhuis« umfaßt: ein Rahmen der Geborgenheit für die offenen Räume, in denen Bücher einen großen Platz einnehmen.

In einer ruhigen, kleinen Straße zwischen Herengracht und Singel, unweit des Jordaan, zeigt, wie so oft hierzulande, eine Tür den Namen des Hauseigentümers an: Nooteboom. Hier findet der Schriftsteller zwischen seinen zahlreichen Reisen zurück zu seinen Büchern, die von Zimmer zu Zimmer aus den Regalen quellen, sich auf Tischen und Schreibtischen stapeln und dabei doch tadellos geordnet sind. Der Giebel weist als Baujahr 1730 aus, wahrscheinlich ist das Haus jedoch älter. Früher wurde es von mehreren Familien bewohnt, die sich jeweils auf einer Etage zusammendrängten (im Keller wohnte ein Fischhändler, im obersten Stock eine Dirne). Diese Häuser kamen im Zuge der zunehmenden Verdrängung der Werkstätten und kleinen Fabriken aus dem Zentrum der Stadt immer mehr in Mode, das sich so im Laufe der Zeit zu einem Wohngebiet entwickelte.

Der fließende Übergang von Eingangshalle, Zwischengeschoß und Untergeschoß kennzeichnet das Haus von Max van Rooy. Das grau geflieste Zwischengeschoß beherbergt eine große Bibliothek und eine kleine Sammlung von Möbeln der klassischen Moderne (Mies van der Rohe, Le Corbusier, W. H. Gipsen), während den Eingangsbereich eine elegante Empirebank schmückt (rechts).

Der in Den Haag geborene Schriftsteller Cees Nooteboom, der auf Mallorca, in Berlin und New York lebt, hat Amsterdam vor zwanzig Jahren zu seiner Wahlheimat gemacht, in die er immer wieder gerne zurückkehrt. Er bewohnt ein kleines Haus mitten in der historischen Altstadt (gegenüber).

Weder Stromkabel noch Fernsehantennen stören die Harmonie der kleinen holländischen Dörfer. Umgeben von bühenden Gärten, reihen sich hübsche, stets frischgestrichene Häuser aneinander, wie hier in Broek in Waterland und in Zaanse Schans (unten).

Am Kadoelenweg, unweit des Amsterdamer Stadtzentrums, wurde ein kleines Holzhaus in ein Museum verwandelt. Die Eigentümerin umgab sich mit volkstümlichen Handwerkserzeugnissen, allesamt in den Gegenden am Zaan und in Waterland hergestellt, so auch diese auffälligen Emaileimer (oben und rechts).

roenten
2L.
Petroleum
5 Ltr.
Petroleum
Petr

Die Geschichte Hollands besteht aus einer Reihe ruhmreicher und dramatischer Episoden, deren Heldin die See ist. Kein anderes Volk mußte sein Land dem Wasser derartig abtrotzen. Heute liegt mehr als ein Viertel des niederländischen Territoriums unterhalb des Meeresspiegels; es ist dem Meer also nicht nur abgerungen, sondern fortan auch gegen seine Sturmfluten behauptet worden. Jahr um Jahr werden weitere Pläne geschmiedet; weitere abertausend Hektar Polder sind vorgesehen. Die Eroberung der Weltmeere durch die Holländer ist zwar abgeschlossen, aber die Sehnsucht ist ihnen geblieben. Dieses Seefahrervolk liebt seine Häuser entlang der windgepeitschten Nordseeküste; und auf den Flüssen und Kanälen werden Schiffe und Kähne zu Dauerbehausungen verwandelt.

Außergewöhnliche Männer haben mit ihrer Willenskraft die Träume ihrer Kindheit wahrgemacht. So kann man, vertäut am Ufer der lieblichen Vecht, noch heute die »Zwerver« sehen; diese herrliche, verrückte Ausgeburt der Phantasie eines Visionärs, des Architekten Wijnand Nieuwenkamp, dieses 1898 begonnene und 1902 fertiggestellte Meisterstück holländischer Tradition, das eine merkwürdige Kreuzung aus Seeschiff und dickleibigem Hausboot darstellt. Dahinter verbirgt sich ein artiges bürgerliches Interieur mit Delfter Kacheln, massiven Holzmöbeln, einem monumentalen Kamin und geschnitzten Holztäfelungen, gewürzt mit ein paar exotischen Blickfängen, die Nieuwenkamp aus Bali mitgebracht hat.

Ende des vergangenen Jahrhunderts gab es noch keine Hausboote. Die Idee, die dem Konzept des Hausbootes zugrunde liegt und uns in der heutigen Freizeitgesellschaft ganz natürlich erscheint, setzte einen ausgeprägten Eigensinn voraus. Die Inneneinrichtungen waren oftmals raffiniert, standen auch der eines gutbürgerlichen Hauses in nichts nach und konnten später

Häuser auf dem Wasser

Dieses außergewöhnliche Schiff liegt bei Loenen am Ufer der Vecht. Die »Zwerver« ist das älteste Hausboot der Niederlande. Es wurde um die Jahrhundertwende von dem Architekten W. O. J. Nieuwenkamp entworfen und in Auftrag gegeben. Als sein Traum nach der Überwindung vieler Schwierigkeiten endlich realisiert war, ließ er sich mit seiner Frau an Bord nieder. Ihre Initialen und das Datum der Hochzeit sind in die Holztäfelung eingraviert. Nieuwenkamp war ein Weltenbummler, der viele Jahre auf Bali gelebt hatte, von wo er manche Idee und manches Andenken mitgebracht hatte (oben und gegenüber).

dank der stets gepflegten Handwerkstradition restauriert werden.

Im Jahre 1900 war der für damalige Verhältnisse noch revolutionäre Stahlrumpf für Nieuwenkamps Hausboot bereits fertiggestellt. Nun ging es darum, das Interieur in Angriff zu nehmen. Nieuwenkamp wandte sich an namhafte Tischler, die das Schiff bis in die kleinste Einzelheit mit tropischem Teakholz, libanesischem Ölbaum und Fichte aus Oregon ausstatteten. Da der Schiffsbesitzer selbst ein vorzüglicher Holzschnitzer war, finden sich auch viele Zeugnisse seiner talentierten Mitwirkung.

1966, als der Spielwarenfabrikant Marinus Brandt erstmals den Fuß auf die verlassene und mittlerweile heruntergekommene »Zwerver« setzte, war er sofort begeistert. Das Schiff, das erste in Holland gebaute Hausboot, stand zum Verkauf an. Der Schiffsliebhaber Brandt schlug innerhalb einer halben Stunde zu und kam damit einer Versteigerung zuvor, die für den Erhalt der »Zwerver« wahrscheinlich verhängnisvoll gewesen wäre. Die Restaurierung nahm mehrere Jahre in Anspruch. Dabei wurde die traditionelle behagliche Atmosphäre holländischer Häuser den Erfordernissen des engeren Raumes so gut angepaßt, daß die Gäste des Hausherrn heute schnell vergessen, daß sie sich auf einem Schiff befinden. Der Perfektionist Brandt bemühte sich, aufgrund der Aufzeichnungen, die ihr Erbauer W. O. J. Nieuwenkamp in seinem Tagebuch festgehalten hatte, das ursprüngliche Aussehen der »Zwerver« wiederherzustellen und zugleich seinem Geschmack anzupassen. Heute ist das am breiteren Teil der Vecht vor dem Ort Loenen vertäute geschichtsträchtige Schiff endlich in seiner einstigen Herrlichkeit wiederhergestellt.

Seit ein paar Jahrzehnten sind Hausboote sehr beliebt, und manche von ihnen sind wunderschön eingerichtet; so zum Beispiel das von »Onkel Willem«, dem Helden einer Fernsehsen-

An Geräumigkeit und Komfort steht der Salon der »Zwerver« mit seinen traditionellen Möbeln einem Patrizierhaus in nichts nach. Man muß schon auf das Schwanken des Kronleuchters achten, um zu bemerken, daß man sich in einem Haus auf dem Wasser befindet (gegenüber).

Auch Fernsehstar Edwin Rutten wohnt auf einem Hausboot. Rutten hat stets auf dem Wasser gelebt, zunächst in der Amsterdamer Innenstadt an der Prinsengracht, heute in freier Natur auf einem Nebenfluß der Amstel. An einer Wand des mit einem Holzofen beheizten Eßzimmers hängt ein zum Spiegel umfunktionierter, dekorativer Fensterrahmen (oben und links).

dung für Kinder, der auf einem Nebenfluß der Amstel, nahe der entzückenden Ortschaft Ouderkerk aan de Amstel lebt, in einer Welt, die eines Peter Pan würdig wäre. Nur von seiner Schwester unterstützt, hat Edwin Rutten in anderthalb Monaten das schwimmende Haus flottgemacht, das sich nach zwölf Jahren in einem Zustand völliger Verwahrlosung befand. Er baute neue Öffnungen ein, richtete neue Badezimmer ein, installierte fließendes Wasser, Telefon und Fax, und zwar so perfekt, daß es dem schwimmenden Cottage mit seiner sehr englischen Atmosphäre und seinem eher modernen Schiffsrumpf an keiner Annehmlichkeit fehlt. Nach einem aufreibenden Tag im Fernsehstudio kommt Edwin Rutten zurück in eine Welt, die ein wenig an die der Kinder erinnert. Und seine Nachbarn zeigen ihm jeden Spätnachmittag an, was die Uhr geschlagen hat: Täglich springen sie um Punkt sechs Uhr in den Fluß, um eine halbe Stunde zu schwimmen.

Für Aletta Moerman und ihren Mann Robin bedeutet Leben auf dem Wasser, nicht einfach vor Anker zu liegen, sondern auch umherzuschippern. Sie haben sich auf der »Broedertrouw« eingerichtet, einer prächtigen Tjalk (traditionelles holländisches Boot mit flachem Kiel), Baujahr 1905. Bevor sie zum Vergnügungs-

Aletta Moerman und ihr Ehemann Robin bewohnen eine herrliche Tjalk, Anfang dieses Jahrhunderts gebaut und besonders angenehm mit ihrer in hellem Holz gehaltenen Küche, die auch eine komfortable Höhe aufweist (oben und rechts).

In der Kabine wurden neben dem Kleiderschrank etliche weitere Stauräume eingebaut (links). Die Woche über ankern die beiden an einem der schönsten Kais von Prinseneiland. Ihre Wochenenden verbringen sie zu jeder Jahreszeit damit, auf dem IJsselmeer zu schippern und die reizvollsten Häfen Hollands anzusteuern. Da sie auch sportlich ambitioniert sind, nehmen sie jedes Jahr am ersten April- und am letzten Oktoberwochenende an den großen Regatten von Muiden teil, wo sich zu diesem Anlaß eine regelrechte Flotte von traditionellen holländischen Booten einfindet.

In Amsterdam herrscht, wie in vielen Großstädten, Wohnungsnot. Mehr als 3000 Hausboote und Schiffe aller Art liegen zum Teil dicht gedrängt an den Kais der Grachten und bieten eine alternative Form von Wohnraum. Manche sind elegante schwimmende Häuser mit allem Komfort: fließendes Wasser, Strom, Vorgärtchen und Briefkasten.

Edouard Parser ist sowohl holländischer als auch englischer Nationalität, und deshalb verwundert es nicht, daß er ein begeisterter Skipper ist. Seine amerikanische Frau Lyn und er hatten sämtliche Häfen Hollands und Frankreichs abgesucht, bis sie schließlich im Hafen von Gent auf die »Westport« stießen, einen in Belgien gebauten langen Kahn, mit dem sie seither über so ziemlich alle Wasserstraßen Europas fahren. Mit der zeitgemäßen Inneneinrichtung beauftragten sie den Belgier Christophe Decarpentrie. Gastfreundlich und kulturinteressiert wie die Parsers sind, veranstalten sie regelmäßig Kulturbegegnungen aller Art auf ihrem Schiff (oben und links).

schiff wurde, diente die »Broedertrouw« lange Jahre dem Transport von Gemüse und anderen Agrarprodukten auf der Zuiderzee; die ein wenig plumpe Form erinnert gleichermaßen an ihre Funktion wie an die rauhen Verhältnisse, denen sie Stirn bieten muß. Dieser ehrwürdige Ahnherr, wuchtig und schwer zu manövrieren, aber von Aletta und Robin Moerman meisterlich gesteuert, macht, wenn alle Segel gesetzt sind, bei steifer Brise sieben Knoten.

Mit patiniertem hellen Holz verkleidet, birgt der bauchige Kielraum ein geräumiges und komfortabel eingerichtetes Logis. Wenn sie nicht unterwegs ist, liegt die »Broedertrouw« zwischen anderen ehrwürdigen Segelschiffen an den Ufern des Prinseneiland. Jedes Wochenende, im Sommer wie im Winter, nimmt sie Kurs auf die oftmals nebligen Gewässer des IJsselmeers, der einstigen Zuiderzee.

Lyn und Edouard Parser benutzen ihren langen Kahn, 1930 in Belgien gebaut, um damit je nach Jahreszeit und Herzenslust die schönsten Kanäle zu befahren – wichtigen Kulturereignissen entgegen. So führt die »Westport« sie im Herbst bis nach Paris, zur Foire Internationale d'Art Contemporain. Im Frühjahr kreuzen sie zwischen Tulpenfeldern quer durch Holland. Im Sommer können sie rheinaufwärts fahren, um die Lorelei wiederzusehen und im Anblick der Schlösser, die sich über dem Fluß erheben, ins Träumen zu geraten, oder sie legen zum Theaterfestival in Avignon an.

Ihr Kahn, der in Zaandam vor Anker liegt, wurde 1985 durch den belgischen Schiffsausrüster Christophe Decarpentrie generalüberholt, der ein völlig neues Konzept für die Inneneinrichtung entwickelte, um für sechs Personen einen bequemen Aufenthalt zu gewährleisten, und zwar in einem sehr zeitgemäßen Interieur, das den Geschmack der Eigner widerspiegelt. Um die Proportionen des Schiffes einzuhalten, wurden die perfekten Möbel in einem leicht unterhalb der Norm liegenden Maßstab angefertigt.

An Bord der »Helderse vlet«, einem Mahagoniboot, dessen Dollbord mit Tauwerk geschützt ist, gelangt man zu einem Haus, das man in der Gegend zwischen Amsterdam und Vinkeveen am wenigsten erwartet: einem niedlichen, von Glyzinen überwucherten Holzhäuschen, das in einem Gewirr von Wasserläufen auf einem verlorenen Stückchen Land steht. In dieser Moorlandschaft gibt es keinen anderen Zufahrtsweg als den Fluß.

Nach einem Aufenthalt in Vermont haben Christiaan van de Graaf und Els Hillenius ihr Haus selbst entworfen und gebaut. Nichts fehlt in diesem ungewöhnlichen Heim – im Wohnraum sind Sessel und Kanapees vor einem offenen Kamin gruppiert. Das Mittagessen nimmt man in einem von üppigen Pflanzen überwucherten Glasvorbau ein. Bei schönem Wetter läßt man sich im schattigen Garten nieder, der von einem Taubenpaar bewohnt wird. Die gastfreundliche Tafel und das Bauernbuffet biegen sich förmlich unter Gläsern mit Branntweinkirschen, eingelegten Artischocken und Hunderten weiteren originellen Zubereitungen wie einer bunten Mischung aus Scheiben von grünen und gelben Salatgurken und ganzen Gürkchen. Ihr Geschäft für Brautkleider, das sie in Haarlem eröffnet haben und für das sie auch Blumenbu-

Christiaan van de Graaf und Els Hillenius leben mitten in der Natur in einem Haus, das nur mit dem Boot zu erreichen ist (oben und links).

Mit Hilfe eines Freundes hat Christiaan van de Graaf einen Glasvorbau errichtet, der einen harmonischen Übergang vom Haus zur Natur darstellt. Im Sommer, bei zu großer Hitze, können einige Glasscheiben herausgenommen werden (rechts).

ketts und -schmuck kreieren, erreichen sie von zu Hause aus in kurzer Zeit.

Zwanzig Kilometer vor Amsterdam, in der Gegend des Kennemerland westlich von Haarlem gelegen, hat der Biologe Niels Daan eine Mühle in sechs Jahren mühevoller Kleinarbeit und Forschung restauriert. Durch die in verschiedenen Blautönen gestrichene Küche (darunter auch das »fly blue«, das man in vielen alten Küchen in Holland findet) kommt man in den Wohnraum, der in einem hellen Olivgrün und in Senfgelb gestrichen ist und in dem sich ein traditioneller Alkoven befindet. Über eine Leiter gelangt man in das Zimmer des Hausherrn, einen spartanischen, blendend weißen Raum, der von einem großartigen Dachgebälk gekrönt wird. Jeder Gegenstand hier ist von vollkommener Einfachheit. Niels Daan kann sich über einen zu kleinen Freundeskreis, der die Atmosphäre der Mühle zu schätzen weiß und sich für ausgefallene Ideen begeistert, nicht beklagen. So wurde der Brauch eingeführt, daß zu Weihnachten jeder ein neues Kapitel für ein gemeinsames Buch schreibt, wobei die einzige Verpflichtung darin besteht, nie zum Schluß zu kommen, nicht einmal zu einem happy end!

Einst standen fünf Windmühlen am Ufer dieses Sees im Kennemerland, das für seine Mühlen berühmt ist. Doch nur eine ist übriggeblieben: Drei fielen den Flammen zum Opfer, eine wurde in Einzelteilen verkauft. Gerettet wurde lediglich die Tweede Broekermolen, dank einem Müller, der sie erwarb, doch seit 1930 nicht mehr bewirtschaftete. Schließlich wurde sie zum Verkauf angeboten. So kam der Biologe Niels Daan in den glücklichen Besitz einer 360 Jahre alten Mühle, die ihm sechs Jahre Arbeit und Geduld abverlangen sollte, bis sie wieder in ihrem einstigen Glanz erstrahlte. Das Ergebnis ist sehenswert (oben und rechts).

Im Wohnzimmer hat Niels Daan Linoleum und Tapeten entfernt, um die ursprünglichen Baumaterialien sichtbar zu machen, die er in einem Hellgrün und in Senfgelb anstrich. Der Schrank im Hintergrund beherbergt ein Bett (oben).

Das Schlafzimmer erreicht man über eine Leiter. Eine alte Nähmaschine, ein ausgestopfter Hecht und an einem Balken ein altes Paar Schlittschuhe

vervollständigen die weiße, ansonsten schnörkellose Raumausstattung (gegenüber).

Die Küche wurde in einem schönen Blau, dem »fly blue«, gestrichen, das man häufig in alten holländischen Häusern findet (links).

Im siebzehnten Jahrhundert entwickelte sich unter Notabeln und wohlhabenden Kaufleuten der Brauch, sich entlang der Flüsse Häuser bauen zu lassen, in denen man während des Sommers Quartier bezog. Die berühmtesten Architekten ihrer Zeit entwarfen die Pläne für diese Landsitze, die seit Ende des siebzehnten Jahrhunderts stilistisch stark von Palladios Bauwerken an den Ufern der Brenta beeinflußt waren. Sie sind weit zur Außenwelt geöffnet, und häufig liegen sie, zur Erleichterung der Anfahrt, zum Fluß, also zur Amstel oder zur Vecht hin.

An der Vecht begann auch Jacob van Campen, der Architekt des Königspalastes, 1627 mit dem Bau des Huis ten Bosch, dessen strenge holländische, klassizistische Fassade mit ihrem dreieckigen Giebel, der auf schweren Pilastern ruht, für zahlreiche Bauwerke zum Vorbild werden sollte.

Bei Maarssen schlägt die Vecht einen Bogen, der ihren weiteren Verlauf bestimmt. An dieser strategischen Stelle wurde im neunten Jahrhundert eine Burg gegen die Überfälle der Normannen errichtet. Bis 1593 umfaßte das Besitztum das gesamte Ufergebiet auf der Höhe von Maarssen, bis Aart ten Grotenhuys und Cornelis van Heemskerck es in zwei Hälften teilten. Die eine wurde zu Het Huis ten Bosch, die andere behielt ihren althergebrachten Namen Het Goed ten Bosch. Die Ländereien von Het Huis ten Bosch sollten später abermals parzelliert werden.

Die beiden Etagen des Huis ten Bosch sind vom T-förmigen Grundriß des Gebäudes bestimmt. Durch eine aufwendige Tür gelangt man in eine mit schwarzem und weißem Marmor ausgelegte, von einem riesigen Messingleuchter aus dem siebzehnten Jahrhundert erhellte Halle. Anschließend führt ein Gang zu einem im achtzehnten Jahrhundert hinzugekommenen achteckigen Teepavillon, einem jener typischen

Landhäuser

Huis ten Bosch stellt mit seiner ausgewogenen Fassade, deren Tür von je zwei Pilastern flankiert wird, ein typisch klassizistisches Haus mit einer strengen Symmetrie dar (oben). Hundert Jahre später wurde es von Daniel Marot umgebaut und ein achteckiger Teepavillon hinzugefügt. Diese architektonischen Meisterwerke im Miniaturmaßstab waren im achtzehnten Jahrhundert sehr in Mode, konnten doch die Damen des Hauses mit der Gestaltung der Teezeremonien Phantasie und Geschmack unter Beweis stellen.

Der Pavillon wurde von Ineke Schierenberg neu dekoriert, die in Teile der Täfelungen Toile de Jouy einpaßte (gegenüber).

Miniaturbauwerke, die damals sehr in Mode waren und in dem die gute Gesellschaft gerne zusammenkam, um in Abwesenheit des Hauspersonals zu plaudern und einen Imbiß zu sich zu nehmen. Ein mit feinen Holzschnitzereien verziertes »hoekbuffet«, also eine kleine, in eine Ecke eingelassene Anrichte, die noch heute eine schöne Sammlung chinesischen Porzellans enthält, sowie eine kleine Spüle aus blauem Soignies-Stein, in der die Hausherrin die zerbrechlichen Kang-Xi-Tassen persönlich zu reinigen pflegte, erinnern an diesen typisch holländischen Brauch. Ab dem achtzehnten Jahrhundert wurden die Teepavillons häufig abseits der Häuser gebaut, oftmals am Flußufer, um die vorüberfahrenden Boote in Ruhe beobachten und die frische Luft in den Parks genießen zu können.

Bemerkenswert sind in allen Räumen des Erdgeschosses die Deckenbemalungen mit Vogelzweigmotiven und ländlichen Szenen von Antonie Hendricks.

Anfang des neunzehnten Jahrhunderts wurde das schöne Anwesen viergeteilt und versteigert. Bis 1922 verblieb es in Privatbesitz, danach war das Gebäude vierzig Jahre lang Sitz des Bürgermeisteramtes, bis es an die heutigen Eigentümer verkauft wurde, die die Innenarchitektin Ineke Schierenberg beauftragten, einen Teil seiner einstigen Pracht wiederherzustellen.

Arend Jan van der Horst übernahm es, auf diesem Grundstück, das an Größe ebenso eingebüßt hatte wie an Atmosphäre, wieder einen Garten anzulegen. Eine große, von girlandenförmig geschnittenen Eibenhecken umgebene Wiese vor dem Haus steht den Kindern zur Verfügung. Eine riesige Buche spendet dem Teepavillon Schatten, ebenso wie einem Beet, in dem in geplantem Durcheinander *Alchemilla, Brunnera, Dicentra* und viele andere Pflanzen wachsen. Vom Haus aus nicht zu sehen ist das jenseits des Rosengartens angelegte Schwimm-

Das ehemalige Dorfschulzenhaus der Ortschaft Broek in Waterland, deren große Häuser zumeist grau gestrichen sind, stammt aus dem Jahre 1775. In der kleinen Eingangshalle mit Stuckverzierungen, deren Motive die vier Jahreszeiten versinnbildlichen, steht eine typisch holländische Bank neben einem Tisch, auf dem eine alte Spitzendecke liegt. Das in Den Haag gefundene Handwaschbecken stammt aus dem achtzehnten Jahrhundert (oben und links).

becken, unweit eines Teiches, über den eine kleine Brücke führt, von der herab man inmitten von Hainbuchen und Rosen in eine hübsche Wasserwelt blickt. Diese abwechslungsreiche Gartenanlage ist ein wirkliches Refugium und bietet jedem Mitglied der vielköpfigen Familie ein intimes Eckchen.

Auch die Architekten zu Beginn dieses Jahrhunderts waren um die Integrierung ihrer Bauwerke in das natürliche Umfeld bemüht. Das spektakuläre Haus, das Karel P.C. de Bazel, eine der Leitfiguren der Amsterdamer Schule, 1911 in Laren baute, läßt mit seiner sehr englisch inspirierten Architektur unweigerlich an die Cottages von Dorset denken. Für die Renovierung haben die derzeitigen Besitzer zwei talentierte Belgier engagiert. Mit dem Park wurde der für

Diese reetgedeckte Villa unweit der Ortschaft Laren wurde zu Beginn des Jahrhunderts von Karel P. C. de Bazel gebaut, einem stark von der englischen Baukunst beeinflußten Architekten. Der von einem Brand verwüstete Bau befand sich in einem bedauernswerten Zustand, als seine heutigen Besitzer ihn entdeckten (oben).

Der belgische Landschaftsgestalter Jacques Wirtz entwarf 1984 einen Garten mit Eibenhecken, Buchsbaumkugeln und verschiedenen Wasserbecken, der sich eng an der Architektur des Hauses orientiert (links).

Die sonnenüberflutete Veranda ist möbliert mit kleinen Tischen, darauf lange weiße Decken, und Lehnsesseln mit Blumenmuster (rechts).

Den pfirsichfarbenen Salon hat der belgische Antiquitätenspezialist Axel Vervoord eingerichtet. Über einer spanischen Truhe hängt ein außergewöhnlich schönes Stilleben von Jurmaen van Streeck aus dem siebzehnten Jahrhundert. Als passionierte Liebhaber alter Malerei bereisen die Hausherren ganz Europa auf der Suche nach Werken, die ihre Sammlung bereichern könnten. In der

Mitte des Raums steht auf dem englischen Tisch im georgianischen Stil ein Blumenstrauß, den der Nachbar, der Florist Marcel Wolterinck, arrangiert hat (oben).

Der Garten mit Laubengang, Brunnenanlage und den Mustern des Backsteinbodens ist ein wahres Schmuckstück und stellt die Virtuosität von Jacques Wirtz unter Beweis (links und gegenüber unten).

In Valéries romantischem Zimmer wurden Tücher von Ralph Lauren mit alten holländischen Stoffen kombiniert, die man auf einem Markt in der Amsterdamer Innenstadt fand (oben).

Ein Großteil der Dekorationselemente des Hauses machte der Antwerpener Antiquitätenhändler Axel Vervoordt ausfindig, so auch die kleine italienische Statue aus dem achtzehnten Jahrhundert (links).

Vor zwanzig Jahren entdeckte der Innenarchitekt Jan des Bouvrie in der Nähe von Bussum ein Haus aus den zwanziger Jahren, zu dem sogar Stallungen für seine Pferde gehörten. Inzwischen mußte er zwar wegen seiner zeitraubenden Beschäftigung das Reiten aufgeben, aber er ist immer noch Besitzer von sechs Pferden (gegenüber).

In dem schön strukturierten Garten bewachen zwei steinerne Löwen den Rasen. Nach altem holländischem Brauch steht in der Mitte eines Lavendelbeets eine Sonnenuhr (oben).

Um das Haus zu vergrößern, bauten Monique und Jan des Bouvrie 1990 einen Wintergarten an, der ganz in Schwarz und Weiß gehalten ist. Die kleinen Tische sind von Eileen Gray, und die Sessel hat der Hausherr selbst entworfen (links).

seine Landschaftsgestaltungen weltberühmte Gartenbauer Jacques Wirtz beauftragt, während der Antwerpener Antiquitätenspezialist Axel Vervoordt eine eindrucksvolle Sammlung von interessanten Möbeln zusammenstellte, raffiniert in Szene gesetzt und ergänzt durch eine strenge Auswahl außergewöhnlicher Gemälde vor allem des siebzehnten Jahrhunderts, deren leidenschaftliche Sammler die heutigen Besitzer sind. Die bedeutendsten Werke stammen von Breughel d.Ä., Judith Leyster und Jan Miense Molenaer. In diesem Ambiente entfalten sich ungehindert Luxus und Komfort, was in einem Land, wo Zurückhaltung großgeschrieben wird, selten der Fall ist.

Auf den ersten Blick scheint das Haus des Innenarchitekten Jan des Bouvrie in Bussum dem von Karel P.C. de Bazel nachgeahmt zu sein, doch schon nach einem Schritt über die Schwelle tut sich hier eine grundsätzlich andere Welt auf. Zwar lassen die Pferdeställe und ihre stampfenden »Bewohner« eher auf einen Landsitz schließen, doch davon unabhängig entfaltet sich in einer unübersehbaren Ordnung die entschieden zeitgenössische und kompromißlose Ästhetik des Hausherrn in aller Freiheit. Dieser konsequente Purist läßt nur Kreationen großer Möbeldesigner oder namhafter Maler gelten. Im angebauten Wintergarten findet der Besucher ein schnörkelloses Ensemble in Schwarz und Weiß und erkennt sofort, daß er hier bei einem Mann zu Hause ist, der sein Handwerk meisterlich versteht.

Laren ist eine kleine Stadt, etwa dreißig Kilometer östlich von Amsterdam. In dieser waldreichen Gegend des Gooi wurden zahlreiche wohnliche Häuser gebaut, in denen man, eine halbe Stunde von der Stadt entfernt, entspannen und die Stille genießen kann. Zehn Fahrradminuten von seinem Blumengeschäft entfernt, hat Marcel Wolterinck, der mit dreißig Jahren zum berühmtesten Floristen und Landschafts-

Ein von Maroeska Metz entworfener Blumenständer entfaltet vor dem Fenster seine dekorative Eleganz (oben).

Schon als Kind war Jan des Bouvrie sehr kreativ. Zuweilen dekorierte er sein Zimmer mehrfach im Jahr neu. Im Schlafzimmer, für das er die beiden weißen, von zwei Wandleuchten von Ingo Maurer sanft beleuchteten Sessel entwarf, setzt nur der Teppichboden einen farbigen Akzent. Das Gemälde im Hintergrund, das ein zerwühltes Bett zeigt, ist ein Werk des holländischen Künstlers Rob Rats (rechts).

gärtner seines Landes aufgestiegen ist, ein kleines Haus aus den zwanziger Jahren entdeckt, ein wenig dunkel zwar, aber mit einer sehr romantischen Atmosphäre, in dem er heute wohnt und Freunde und Kunden empfängt. An der Rückseite des Hauses hat er einen weitläufigen, hohen, aus schlichtem Naturstein gebauten Wintergarten eingerichtet, der das Wohnzimmer erweitert und einen Übergangsbereich zwischen Haus und Garten schafft. Den großen, runden Tisch schmückt ein Blumenarrangement, das in dieser Umgebung wie eine kleine Landschaft für sich wirkt.

Der Garten vor den Wohnzimmerfenstern wurde in seiner ursprünglichen Gestalt belassen; die Natur scheint dort zwar frei zu walten, wird jedoch in Wirklichkeit streng beaufsichtigt. Die wild sprießenden Blumen, die auch in den Wäldern ringsherum wachsen, werden in diesem Garten mit viel Liebe gehegt und gepflegt. Der Eßraum führt im Norden des Hauses in zwei von ockerfarbenem Mauerwerk eingefaßte Innenhöfe. Im ersten, von gestutzten Eiben umsäumten Hof dient ein selbstentworfener großer Holztisch für sommerliche Mahlzeiten im Freien. Der zweite beherbergt einen von formierten Platanen geschützten Schattengarten.

Hinter den Steinmauern des kleinen Hauses aus den zwanziger Jahren, in dem der Florist Marcel Wolterinck mit seiner Familie lebt, wird der Besucher von einer dezenten, doch mit viel Liebe zum Detail geprägten Atmosphäre empfangen (oben und links).

Im gelben Salon sind die beiden Paravents ebenso wie das Kanapee mit Segeltuch bezogen. Der handgefertigte Kerzenleuchter erhellt abends den mit einem indischen Tuch bedeckten Tisch (rechts).

Den ländlichen Tisch samt Stühlen in der Küche hat Marcel Wolterinck bei einem französischen Antiquitätenhändler gekauft. In den Regalen dienen hübsche Körbe als Ablage (oben).

Schalen aus Drahtgeflecht, Kerzenständer, ein Kranz getrockneter Blumen: Eine Reihe schlichter Einzelheiten machen den Reichtum des Dekors aus (rechts).

Der Hauptraum führt auf eine große Terrasse, die sich über dem Garten erhebt. Auf dem bordeauxrot gestrichenen und von einem breiten schwarzen Streifen abgeschlossenen Dielenboden stehen zwei Lehnsessel mit einem Bezug aus Toile de Jouy und ein Baldachinbett, mit einem graziös anmutenden Gestell für ein Moskitonetz (oben).

Als eine ironische Anspielung auf die marmornen Bodenbeläge der Patrizierhäuser wurden im komfortablen Badezimmer nebenan Boden und auch Wanne mit großen Quadraten in Schwarz und Weiß gestrichen (links).

Die Innenarchitektin Georgette Reuchlin, gerühmt für die Wohnlichkeit und Phantasie ihrer Arbeiten, lebt in Bloemendaal, dem Nobelviertel von Haarlem mitten im Nationaalpark De Kennemerduinen, in dessen ausgedehnten Dünen unzählige geschützte Vogelarten leben. In einem Wohnpark, den der Landschaftsarchitekt Leonard Springer entworfen hat, öffnet sich ihr geräumiges Haus, das so manche Schätze birgt, zu allen Seiten jeweils einem Garten mit jeweils unterschiedlichen Färbungen. Die alten Bäume auf den Hügeln wurden belassen, und im unteren Bereich findet man noch immer eine Wiese, auf der Kühe weiden.

Vom Wohnzimmer aus stößt man auf einen weißen Garten, der sich um ein von einem Bach gespeistes rundes Becken erstreckt. Er ist bepflanzt mit Rosen der Sorte 'Schneewittchen', mit *Hosta crispula* und *Alchemilla mollis*. Trotz seiner geringen Größe erstreckt sich der Garten über zwei Terrassen, die die Unebenheiten des Bodens auffangen und ihm optisch mehr Weite vermitteln.

Vom Salon aus betritt man den grünen Garten, einen großen, von Bäumen und Sträuchern gesäumten Rasen, während das Eßzimmer auf eine überdachte Terrasse führt, auf der man im Sommer die Mahlzeiten einnimmt.

In diesen »buitenhuisen«, wie man die Landhäuser früher nannte, ist heute eine sehr städtische Lebensweise eingezogen. Mit ausgeprägtem Sinn für das Wohnliche und im Bemühen um Bewahrung der aus der Vergangenheit herrührenden Schönheit eingerichtet und dabei zugleich mit einem Hauch Antikonformismus das ganz Persönliche behauptend, besitzen sie jenen unwiderstehlichen Charme, der den Reiz Amsterdams und seiner Umgebung ausmacht.

In der hübschen Ortschaft Bloemendaal bewohnen Pierre und Georgette Reuchlin mit ihren Kindern ein Haus aus dem Jahr 1910, das der Architekt Baanders entworfen hat. Als sie es fanden, war es in einem bedauernswerten Zustand. Aber die sachkundige Innenarchitektin erkannte sofort die Vorteile der Räumlichkeiten und beschloß, dort einzuziehen. Die Veranda als Übergangsbereich vom Haus zu dem schönen, von Arend Jan van der Horst neugestalteten Garten, wurde etwa zehn Jahre nach dem Hausumbau angelegt (oben).

Die mit Mailänder Seide und indischem Tuch bezogenen Kanapees stammen aus dem Laden von Georgette Reuchlin. Ein Empireschreibtisch und ein französisches Konsolentischchen aus dem achtzehnten Jahrhundert runden das Dekor ab (rechts).

Das Schlafzimmer ist mit englischem und französischem Toile de Jouy ausgestattet. Die Innenarchitektin hatte den Einfall, den Kleiderschränken einen »Giebel« aufzusetzen (oben).

Die Louis-XVI-Stühle im Eßzimmer sind mit »trijp« bezogen, dem traditionellen Utrechter Samt, der im siebzehnten Jahrhundert sehr beliebt war, heute aber nur noch in einer einzigen Fabrik in Hengelo hergestellt wird (links).

Der Charakter der Architektur vom Beginn des Jahrhunderts wird durch antike Möbel aus England und durch warme Farben geschickt betont. Im Treppenhaus rahmen ein englisches Porträt aus dem achtzehnten Jahrhundert und Vorhänge von Colefax and Fowler ein englisches Sofa (gegenüber).

Amsterdam hat sich immer als freie Stadt behauptet, in seinen Entschlüssen wie in seinen Plänen. Obwohl die üblichen Attribute einer Hauptstadt – Botschaften, Ministerien usw. – fehlen, hält die Realität das Versprechen, das die Stadt durch ihren Status gibt: Vornehmlich aus Amsterdam kommen die Ideen, die auf das ganze Land und oft über dessen Grenzen hinaus Einfluß ausüben. Diese Stadt, die mit ihrem Grachtensystem eher vermuten läßt, sie sei in sich gekehrt, diese Stadt, wie eine Sackgasse mit dem Rücken zu einem unsichtbaren Meer, ist ein nie versiegender Quell, aus dem Experimente, Phantasien und Pläne sprudeln.

Das sehr weltliche Amsterdam ist eine Stadt der Toleranz, stolz und reich in ihrer kosmopolitischen Haltung. Sie hat die innovativsten Ideen aufgenommen und deren Entfaltung ermöglicht; mit einer gewissen Distanz gewährte sie ein hohes Maß an Freiheit. Als Amsterdam längst schon nicht mehr die Hauptstadt des Austauschs in Europa war, behielt und pflegte es dennoch seine Neugier, und sein Wohlstand machte es oft möglich, daß sich Träume hier leichter verwirklichen ließen als andernorts.

In Holland pflegte die Kunst stets eine Nähe zum Alltagsleben. Die Malerei mit ihren bevorzugten Sujets, die Stadt und die Architektur mit ihren Proportionen und die Religion mit ihrer Ethik bilden das reiche Substrat, in dem radikale Experimente durchgeführt werden konnten. Und in allem offenbart sich die eingestandene und latente Suche nach »gezelligheid«, diesem schwer zu beschreibenden Verwandten der deutschen Gemütlichkeit – dieser althergebrachte Sinn für Behaglichkeit und Geborgenheit, der sich in den Dingen, den Häusern und der Auffassung des Gemeinwesens kundtut.

Die Holländer sind kühne Zauberkünstler einer neuen Wohnkultur. Egal, ob es darum geht, die Speicherhäuser in den lange Zeit brachgelegenen alten Hafenvierteln umzufunktionieren oder die an den Grachten, die von Wohnhäusern nur durch ihre Fensterläden zu unterscheiden sind, oder ob es darum geht, aus alten Kirchen Wohnungen, Künstlerateliers oder Ausstellungsräume zu machen – für eine ebenso reizvolle wie effiziente Wiederverwertung entgeht nichts der Logik ihres Unternehmensgeistes.

Leben im Loft

Angezogen von der Möglichkeit, in großen Räumen leben zu können, haben die Amsterdamer auch alte Industriegebäude zum Wohnen hergerichtet, wie zum Beispiel diese alte, Ende des letzten Jahrhunderts gebaute Tabakmanufaktur (oben).

Diese ehemalige »Versteckkirche« liegt am Singel (gegenüber). Die Originalfenster, die in verschiedenen Grautönen gestrichenen Wände, die von der Hausherrin bei Antiquitätenhändlern aufgestöberten Möbel – darunter alte Kirchenbänke – und das Grün der vielen Pflanzen ergänzen sich zu einer freundlichen, einladenden Atmosphäre.

Die Amsterdamer waren immer zu allem bereit, um in ihrer geliebten, aber nicht unendlich erweiterbaren Stadt wohnen und leben zu können, und entwickelten einen wahren Pioniergeist im Suchen und Finden neuer Räumlichkeiten. Bestimmte Eigenschaften ihrer Mentalität waren diesem Pragmatismus förderlich: Toleranz, Respekt gegenüber dem anderen und Transparenz waren notwendige Voraussetzungen, um derartig innovative Wagnisse auf sich zu nehmen.

Wo hätte die junge Frau die erwünschten dreihundert Quadratmeter Wohnraum gefunden, wenn nicht in einer Kirche am Singel? Dieses geschichtsträchtige Gebäude vom Anfang des siebzehnten Jahrhunderts beherbergte zunächst eine Brauerei, bis es von Wiedertäufern zum Gotteshaus umgebaut wurde, mit zwei Apsiden, einer zentralen Galerie und einer von dorischen Säulen getragenen Doppelgalerie im Obergeschoß. Nachdem es dem weltlichen Leben zurückgegeben worden war, diente es bis 1988 als Auktionshalle. Von einem Bauunternehmer und ein paar Freunden unterstützt, hat die heutige Besitzerin aus diesem magischen, aber nicht unkomplizierten Bau eine Traumwohnung gemacht. Sie benutzte lediglich einen kleinen Teil des Raumes für unumgängliche Funktionen, so daß die ursprüngliche Größe und auch Farbe – ein Aschgrau, das zur Grundtönung des Dekors wurde – beibehalten wurden. In einem solchen Raum kann nichts die üblichen Proportionen haben. Hier haben große Pflan-

Der französische Modefotograf Rollan Didier ist fasziniert von kräftigen Farben. Eine Serie imitierter Louis-XVI-Stühle hat er mit bunten Satinstoffen bezogen (links).

In diesen alten Kornspeicher – ein riesiger Raum von gut 500 m² –, in den durch eine im Dach eingebaute Glasfläche viel Licht einfällt, hat Didier drei ovale Raumteiler einbauen lassen, hinter denen sich eine Treppe, eine Küche sowie ein multifunktionales Büro verbergen. Der Stuhl vor dem Pleyel-Flügel wurde von seiner Freundin Dicky Huese entworfen (rechts).

zen und ausladende Eichenbänke genügend Platz, und durch einen glücklichen Zufall wurden bei der Schließung einer anderen Kirche imposante Altarleuchter ausfindig gemacht, die den Eindruck vermitteln, schon immer hier gestanden zu haben.

Derselbe Eindruck von Geräumigkeit, den man so selten in dieser Stadt hat, wo sich die Häuser doch um den Zugang zum Licht zu drängeln scheinen, herrscht auch in dem von dem Modefotografen Rollan Didier zur Wohnung umgebauten alten Kornspeicher, der im Stadtviertel Jordaan mit seinen von schlichten Häusern gesäumten Sträßchen eine Zeitlang als Kinosaal gedient hatte. Oder auch auf dem Prinseneiland unweit des Hafens, im ehemaligen Insulinde-Lagerhaus, das die Malerin Ans Markus restaurierte, oder im früheren Zuckersilo des Bildhauers Waldo Bien, das, wenn der Wind bläst, zu schaukeln scheint wie ein Schiff. Tom und Hoedel van Leeuwen – er ist Professor für Architekturgeschichte, sie hat viele Jahre im von ihr mitgegründeten Van-Gogh-Museum gearbeitet – waren bemüht, in ihrem alten Speicherhaus an der Herengracht alles zu retten, was zu retten war, trotz des trostlosen Zustandes, in dem sie es vorgefunden hatten. Vor hellem Holz entfalten türkische Kelims ihre lebhaften Farben. Indonesische Kinoplakate und die

Da Künstler Raum und Licht für ihre Ateliers brauchen, wissen sie die Vorzüge der alten Lagerhäuser zu schätzen. Das Atelier von Ans Markus, einer Malerin, deren magischrealistisches Werk vornehmlich aus Selbstbildnissen und einer großen Anzahl von Porträts der königlichen Familie besteht, befindet sich auf Prinseneiland, einer der Inseln von Zandhoek – einer Art städtischem Archipel, wo die Kaufleute im Goldenen Jahrhundert ihre Waren zwischenlagerten und ihre Schiffe reparieren ließen. Ans Markus hat den Raum mit Sitzgelegenheiten wie dem Sessel von Geoffrey Harcourt möbliert (oben und links).

Waldo Bien (rechts) lehnte jede Form von Modernisierung ab, die die Authentizität seiner Welt verfälscht hätte: So behielt er den Flaschenzug, mit dem Einkäufe oder Koffer hinaufgehievt werden, und beließ die alte Leiter, statt eine Treppe einzubauen. In diesem weitläufigen Raum, der früher als Zuckerlager diente, dann als Restaurierungswerkstatt für Drehorgeln, lebt heute der Künstler, der die Fotos, die er in fernen Ländern macht, zu großformatigen Gemälden verarbeitet (oben).

Bevor sie mit den Umbauten des 1718 gebauten Seidenspeichers begannen, studierten Tom und Hoedel van Leeuwen vor Ort genauestens seine Lichtverhältnisse. Mit seinem Lichteinfall von zwei Seiten ist der große Raum derartig gut ausgeleuchtet, daß man dort den ganzen Tag mit Arbeiten, Lesen und Hören der Musik ihres Lieblingskomponisten Rossini verbringen kann (links oben).

Im Badezimmer fand eine aus Milwaukee mitgebrachte Fahne als Duschvorhang Verwendung (links unten).

In einer Ecke des Zimmers sind Fotos und Dokumente zum Haus aufbewahrt, unter anderem das Buch von Caspard Philips, der von 1768 bis 1771 die Pläne für sämtliche Häuser an Keizersgracht und Herengracht zeichnete (unten).

Wenn er nicht an seinem vierbändigen Werk über Architektur schreibt, widmet sich Tom van Leeuwen der Malerei, wie die Bilder über dem englischen Intarsienschreibtisch bezeugen, den eine von Frank Lloyd Wright entworfene Lampe beleuchtet. An einem Tisch vor dem Fenster kann man in der Sonne frühstücken, während man auf die Herengracht schaut (ganz rechts).

THE PRAIRIE

vom Hausherrn gemalten Bilder in der Manier Edward Hoppers tragen auf durchdachtere Weise zum Dekor bei, als es zunächst den Anschein hat, und bei aller offenen Gastlichkeit geht nichts an Intimität verloren.

Ganz im Gegensatz dazu dient bei dem argentinischen Maler Carlos Ré und dem Antiquitätenhändler Gérard Witlox an der Keizersgracht alles zur Dekoration. Der Fußboden ist marmoriert, die Küchenmöbel mit Zeichnungen geschmückt, Boden und Wände des Badezimmers sind mit einem bunten Sortiment von Kacheln mosaikartig ausgestattet, während Terrakotta-Büsten sowie Konsolen und Skulpturen aus Marmor in diesem an Farben und Materialien überreichen Raum die Akzente setzen. Eine alte Dame hat jedoch nicht vergessen, daß dieses seltsame Domizil, ein paar Jahrzehnte ist es wohl her, der Pferdestall des Hauses van Loon war. Sie ist die Tochter des letzten Kutschers und entsinnt sich noch der von Hendrick van Loon arrangierten Dressurveranstaltungen, der zu der Musik eines auf diesem Speicher spielenden Orchesters seinen Pferden und Hunden das Tanzen beibrachte.

Eine entgegengesetzte Richtung schlug der Modejournalist San Ming ein. In seinem Loft unweit des Vondelparks, im Herzen eines stillen, sehr beliebten Viertels, das sich viele Freiberufler zur Wahlheimat gemacht haben, schuf er ein Ambiente, wie man es in New York vermuten würde. Hier, in einem 1921 in Anlehnung an die Ideale der Amsterdamer Schule entstandenen Gebäude – freilich für diese meist dem sozialen Wohnungsbau zugewandte Ästhetik von ungewohntem Luxus – konnte durch Freilegung des Raumes geradezu ein Universum in hellen Farbtönen entstehen, in dem Bücher die einzigen Farbakzente setzen. Mit weißem Stoff bezogene Sessel, Mobiliar aus den dreißiger Jahren und ein paar bizarre Objekte vom Flohmarkt oder auch vom Schrottplatz runden das stati-

Carlos Ré und Gérard Witlox haben ihre Neigung zu klassizistischen Details geschickt in Szene gesetzt (ganz oben).

Die Küche hingegen macht mit ihrem bunt gefliesten Boden und dem farbig gemusterten Anstrich der Möbel einen eher skurrilen Eindruck (oben).

Der Fußboden im Wohnraum wurde mit zarten Farben marmorartig koloriert (rechts).

Durch Entfernung der Zwischenwände hat die Wohnung von San Ming in einem Gebäude der Amsterdamer Schule die Dimensionen eines Lofts erhalten. San Ming hat zahlreiche raffinierte Einfälle verwirklicht, wie zum Beispiel die weiße Linie, mit der die Dielen abschließen, die weiße Fußleiste, die zu großen Knoten geschürzten breiten Tuchstreifen, mit denen die Bildaufhängung kaschiert ist, und die Tapezierung mit Packpapier. Neben einer zum Aquarium umgebauten Durchreiche stehen in dekorativer Eintracht der Kiefer eines Schwertfisches zusammen mit einem amerikanischen Gemälde aus den vierziger Jahren und einem Bild von Jo Baur, Mitglied der Gruppe »Amsterdamse Joffers«, zu der sich in den fünfziger Jahren mehrere Frauen holländischer Maler zusammengeschlossen hatten (links).

Ein Bild von San Mings bevorzugtem Maler Teixera De Matoos, »Gorilla Gorilla«, hängt über einer Konsole, auf der zwei marmorne Kirchenleuchter stehen (oben).

sche Dekor ab, in dem jedes Möbelstück, jedes Objekt seinen festen, unverrückbaren Standort hat.

Während San Ming der Geräumigkeit wegen die Amsterdamer Stadtmitte verließ, ist es Margreet und Peter Beerents gelungen, beide Ansprüche miteinander zu verknüpfen, indem sie sich in einer ehemaligen Tabakmanufaktur einrichteten, die 1890 am Oudezijds Voorburgwal erbaut worden war. Als sie das außergewöhnliche Gebäude entdeckten, dünsteten die nikotinvergilbten Wände noch einen hartnäckigen Tabakgeruch aus. Margreet Beerents richtete ihr Modedesign-Studio in einem Saal ein, in dem noch die alten, an Schulpulte erinnernden Schaukästen standen und den sie, um den Eindruck von Leere zu vermeiden, mit subtil komponierten Arrangements ausstattete. Dabei steht häufig ein Möbelstück im Mittelpunkt, etwa ein altes Büffet mit weißgoldenem Porzellan, ein koloniales Ruhebett oder ein langer Tisch mit weißer Tischdecke und Sesseln aus spanischem Rohr. Im ehemaligen Sitzungssaal mit einer patinierten Holztäfelung und Lampen aus der Zeit der Jahrhundertwende empfängt den Besucher die wehmütige Atmosphäre eines verlassenen Grandhotels. Hier haben Peter und Margreet ihr Schlafzimmer eingerichtet; die Fenster gehen auf den Kanal hinaus, der einst den Spitznamen Fluwelenkanaal, »Samtkanal«, hatte, weil die reichen Bürger in ihren prächtigen Gewändern aus luxuriösen Stoffen dort zu promenieren beliebten.

Margreet und Peter Beerents haben sich in den Räumlichkeiten einer ehemaligen Tabakmanufaktur niedergelassen. Modeschöpferin Margreet richtete sich einen weitläufigen Showroom ein, in dem sie ihre Kunden empfängt (rechts).

Im Schlafzimmer zeugen Decke, Täfelung und Lampen aus der Zeit der Jahrhundertwende von der ehemaligen Funktion als Konferenzraum. Der auf dem Tisch stehende Spiegel stammt aus Belgien (gegenüber).

Auf Prinseneiland, der kleinen Insel im Westen des Hafens, befanden sich früher nur Lagerhäuser und Werften, doch niemand lebte dort. Heute sind die Lagerhäuser zu Wohnbauten umfunktioniert, und einige kleine Werften halten die Tradition am Leben, alte Boote zu restaurieren oder neue herzustellen. Auf eine dieser Werften blickt man durch die Fenster des riesigen Kornspeichers, in den Yvonne Hulst eingezogen ist. Die Architektin Marianne van Brussel hat diesen Raum ausgebaut, in dem die Eigentümerin ihr an der italienischen Postmoderne orientiertes Interesse an zeitgenössischem Design frei entfalten kann. Wie viele andere verhehlt auch sie nicht ihre Skepsis gegenüber einem holländischen Design, das allzu häufig einen unpersönlichen Kompromiß verschiedenster Tendenzen aus Paris oder Mailand darstellt. Dementsprechend räumt sie den einheimischen Designern nur wenig Platz ein, mit Ausnahme von Rob Eckhardt, Borek Sipek oder Maroeska Metz, einer jungen Frau, die aus Eisen außergewöhnliche Lampen, Leuchter und Lüster herstellt.

Diese in ehemaligen Industriebauten gefundenen Großräume mögen den Liebhabern begrenzter Wohnwelten ein Schrecken sein, aber sie eignen sich bestens für all jene, die

Yvonne Hulst hat die Balkenkonstruktion dieses ehemaligen Kornspeichers zu einem bestimmenden Element des Raumes gemacht (gegenüber).

Ein kleines Zimmer wird von einem Wandleuchter von Maroeska Metz beleuchtet (links).

Der Tisch ist mit Kreationen von Borek Sipek gedeckt (rechts).

davon überzeugt sind, daß man sehr gut leben kann, ohne ständig an Grenzen zu stoßen. In Amsterdam wie in anderen Großstädten auch sind sie heute für die Berufssparten, in denen die Mode alles diktiert, zu unentbehrlichen Insignien geworden.

So ist die Innenarchitektin und Möbeldesignerin Dicky Huese in der Nähe des Hafens in ein ehemaliges Schiffszubehörlager aus dem Jahre 1640 eingezogen. Ihr Grundgedanke war, die Wände in lebhaften, überraschenden Farben zu streichen. Aus ihren eigenen Kreationen hat sie ein originelles Ambiente zusammengestellt: Die Füße der Kommoden erinnern an die Form russischer Kathedralen, die Sessel sehen aus wie Zikaden, die Babystühle ähneln Trichtern, die Tische sind in Puzzleteile zerlegt, und die Stellwände wirken wie gespenstische Schattenrisse. Hinter dem Haus scheint sich ein romantisches, blumenüberwuchertes Gärtchen mit einem Hühnerstall zu fragen, was es in dergleichen Gesellschaft wohl zu suchen hat. Am Fuße des Lagerhauses ist ein Schiff vertäut, das auf Spaziergänger wartet, die die Stadt von den Kanälen aus erkunden möchten.

Im Museumsviertel hat die Architektin Marianne van Brussel in einem Gebäude von F. A. Warners aus dem Jahre 1919 eine wunderschöne Wohnung neu ausgebaut. Bei den geschmackvoll und klug vorgenommenen Umgestaltungen wurden auch die Eigenheiten der Architektur berücksichtigt und neu zur Geltung gebracht. Durch das Wiederherstellen der ursprünglichen Raumgröße fanden dann die von

Die Innenarchitektin und Werbefilmerin Dicky Huese entwirft ihre Möbel selbst. Die Aufnahme zeigt sie vor einem Gemälde von Zsoka Rektenvald. Sie stützt sich auf den Stuhl »Triangle affair«, der wie auch die Lampe »Black tulip« eine ihrer Kreationen ist. Hinter dem Sessel aus dem neunzehnten Jahrhundert hat sie eine Serie amüsanter moderner italienischer Gläser aufgebaut. Am Fenster stehen schlanke Vasen aus den fünfziger Jahren.

Yvonne Hulst ausgesuchten Möbel hier auf ganz natürliche Weise genügend Platz.

Als Henriette Daniels sich für den jungen Amsterdamer Architekten Jeroen van Schooten entschied, geschah das in der Absicht, einem einheimischen Architekten den Vorzug zu geben. Der ließ von dem großen Gebäude, das sie an der Keizersgracht erstanden hatte, praktisch nur die Fassade stehen. Das Innenleben des 1939 gebauten Bürohauses bestand aus einer Vielzahl voneinander abgeschotteter Kämmerchen, die keine Verbindungstür aufwiesen. Henriette aber wollte Raum, Licht: Der Ar-

Dicky Huese hat ein ehemaliges Schiffszubehörlager bezogen, das 1640 gegenüber dem alten Hafen gebaut worden war. Auf dem Boden sind noch immer die Spuren der Schienen zu sehen, auf denen die Ware in Behältern auf Rädern transportiert wurde. Die Dekoration ist bewußt mit extravaganten Farben akzentuiert (oben).

Im Wohnraum steht der Fernseher auf einem von Paul de Lussanet bemalten Kaffeehaustisch. Um den von der Designerin gestalteten niedrigen Tisch gruppieren sich im Licht einer Fünfziger-Jahre-Lampe aus venezianischem Glas ein Sessel aus der Zeit der Jahrhundertwende und ein weiterer vom Flohmarkt (links).

Hinter zwei spiralartig angelegten Wandelementen verbergen sich eine Treppe mit alten Steinstufen und die Küche. Die neu bezogenen Sessel aus den fünfziger Jahren sind die Stars des Wohnraums (rechts).

In den von Architekten der Amsterdamer Schule gebauten Wohnungen, wie in dieser von F. A. Warners, lebt es sich dank der ungewöhnlichen Dimensionen sehr angenehm (gegenüber).

Mit vier Fassadenfenstern und einer hohen Decke kommt der Wohnraum dem Platzbedarf von Henriette Daniels sehr entgegen. Die Bezüge der Sofas

wurden auf die Farben eines Gemäldes von Luigi Carboni und zweier anatolischer Kelims abgestimmt. Die beiden Sessel von Eileen Gray vervollständigen den Gesamteindruck (oben).

Als Wohnung und Atelier hat sich der Maler Paul de Lussanet das erste Stockwerk einer ehemaligen Kosmetikfabrik ausgesucht. Für den Gang, der ins Atelier führt, wählte er lebhafte Farben (links).

chitekt strukturierte das Haus völlig um, schuf neue Proportionen und fügte zum Garten und zu den Wendeltreppen Balkone hinzu. Modeschöpferin Henriette Daniels sieht in der Inneneinrichtung eine längerfristige Aufgabe; sie nimmt sich Zeit, den Raum zu erfahren, seine Dimensionen zu zähmen, schiebt ein Möbelstück hin und her, um den richtigen Platz zu finden und fühlt sich letztlich immer mehr zu alten Dingen hingezogen.

Paul de Lussanet, unter den Amsterdamer Malern der pariserischste (fünfzehn Jahre verbrachte er an der Seine), könnte sich heute nicht mehr vorstellen, den Grachten seiner Stadt den Rücken zu kehren. Mit einigen Freunden hat er eine ehemalige Kosmetikfabrik an der Prinsengracht gekauft. Er teilt das Haus mit einem Jazzposaunisten sowie einem Philosophieprofessor und hat sich für seinen persönlichen Bedarf eine Etage reserviert. Die Metallspinde der Arbeiter und der Aufzug sind erhalten geblieben, das Büro bekam eine futuristische Einrichtung von Dicky Huese, Karel Doorman entwarf ein Kanapee und Rob Eckhardt eine außergewöhnliche Bogenlampe.

Die Moderne hat aber nicht nur in den Lagerhäusern Einzug gehalten. Auch die traditionellen Grachtenhäuser sind von ihr nicht verschont geblieben und verbergen hinter ihren klassischen Fassaden so manche Perle zeitgenössischer Kreativität.

Jules und Barbara Farber ist es gelungen, in einem Haus aus dem siebzehnten Jahrhundert die Atmosphäre eines Lofts herzustellen, indem sie für den Salon, dessen drei Fenster alle zur Keizersgracht liegen, sämtliche Zwischenwände entfernten. Im Hintergrund einer Gruppe italienischer Sessel und Sofas ein Gemälde von Ray Smith (gegenüber).

Das wunderschöne Deckengemälde in der Galerie, in dem König Salomo und die Königin von Saba dargestellt sind, stammt aus dem Jahre 1735. Der anonyme Meister hat sich vermutlich an Zeichnungen Daniel Marots von 1712 orientiert (links).

Über ihrer Galerie für zeitgenössische Kunst hat Barbara Farber sich eine Wohnung eingerichtet. Scharf von den weißen Wänden der Privatetage abgehoben, erinnert eine vielfarbige Palette des Engländers Tony Cragg daran, daß die Künstler hier Gastrecht haben. Die auf dem hellen Holz des Parketts plazierten italienischen Designmöbel korrespondieren mit Werken der in der Galerie vertretenen Künstler: Objekte des Franzosen Bertrand Lavier, Arte-povera-Skulpturen von Paolini, Kitschballerinas der New Yorkerin Rhonda Zwillinger und eine verblüffende Komposition des Engländers Bill Woodrow, die eine auf der Seite liegende Kuh darstellt.

Die aufsehenerregende Inneneinrichtung dieses traditionellen Grachtenhauses gestaltete Ed Veenendaal; er selbst ließ sich an der Amstel in einem anderen klassischen, von Adriaen Dortsman entworfenen Haus nieder. Mit viel Geschick ist es ihm gelungen, die Räumlichkeiten, die früher die Empfangsetage darstellten, in eine weitläufige Wohnung mit offenen Perspektiven umzuwandeln. Da weder Badezimmer noch Küche vorhanden waren, mußten sie erst auf findige Weise eingebaut werden. Für das Bad mußte ein neuer Raum geschaffen werden; die Küche wurde in eine ehemalige Bibliothek eingebaut. Nachdem die Innenwände eingerissen wurden, ordnen sich heute die Räumlichkeiten um ein Vestibül mit dem erhaltenen Dekor des französischen Hugenotten Gérard de Lairesse. Prunkvolle Stuckarbeiten, wie sie für die großen Kaufmannshäuser typisch waren, Parketts aus dem neunzehnten Jahrhundert, Directoire-Vitrinenschränke und ein Kronleuchter aus der Zeit Napoleons III. mischen sich mit zeitgenössischen Kreationen von Dicky Huese oder des Malers Paul de Lussanet, des Bildhauers Alexander Schabracq und des in Amsterdam lebenden und arbeitenden tschechischen Designers Borek Sipek.

An der Amstel, im ersten Stock eines aufsehenerregenden Hauses des Baumeisters Adriaen Dortsman wohnen der Architekt Ed Veenendaal und seine Frau Ingeborg, eine Antiquitätenhändlerin. Die Verknüpfung von Respekt vor dem Althergebrachten und Sinn für Avantgarde hat zu einer spektakulären Gestaltung der Inneneinrichtung geführt.

Im rosafarbenen Schlafzimmer vermittelt ein Schreibtisch bulgarischer Herkunft eine romantische Stimmung (oben).

In der großartigen Vorhalle mit Stuckarbeiten von Gérard de Lairesse hat Ed Veenendaal kuriose Raritäten plaziert, Holzsäulen, ein Gemälde von Duyfor und hinter dem Flügel eine große Palme (rechts).

Der Stuhl »Bambi«, eine der berühmtesten Kreationen des Designers Borek Sipek, neben einem Werk von Christian Bastiaan (oben).

Die Küche ist von Ed und Ingeborg Veenendaal selbst entworfen worden. Tisch und Schränke sind in einem kräftigen Türkis lackiert. In den alten Kamin wurde ein Rauchfang eingebaut. Um den gedeckten Tisch stehen merkwürdige Stühle mit außergewöhnlichen Rückenlehnen. In diesem einladenden Raum geben die Veenendaals regelmäßig Diners (rechts).

Gärten und Blumen

Im Land der Tulpen stellt die Liebe zu Blumen eine nationale Leidenschaft dar, Gärten gehören zu den kostbaren Räumen der Initimität abseits der städtischen Hektik. Und das gradlinige Muster der niederländischen Kanäle – es findet sich in der Architektur vieler Gärten wieder, gleichsam als eine übergreifende Metapher für den strengen Ordnungswillen wider die bedrohlichen Elemente der Natur.

Von Arend Jan van der Horst

Die Gerade verleiht den niederländischen Gärten eine subtile Ordnung, in der die Perspektive den Raum regiert, gleichgültig, welche Ausmaße er hat. Die holländische Landschaft ist mit einem Netz von Kanälen und Fahrrinnen gerastert, gleich einer Art abstraktem Vorzeichen der Malerei Mondrians. Nichts ist hier wild; die Natur wurde mit Macht erobert, mit Sachkunde bewahrt; sie ist nunmehr das Ergebnis eines Kunstgriffs. In diesen ausgedehnten Ebenen, wo es offenbar keinen Horizont gibt, es sei denn in dem schmalen Streifen der Dünen am Meeresufer, erscheinen Erde und Himmel eins. Fast alles ist eine Sache des Lichts, der Rest obliegt dem Menschen.

Das Wasser ist überall – gebändigt über Bodenniveau, im Rhythmus der Gezeiten eindringend und sich zurückziehend, es bewässert Lunge und Herz, von denen das Leben abhängt. Gefahr und lebenswichtige Ressource – Wasser bedeutet Schrecken, aber auch Energie.

Der holländische Garten mit seiner oftmals rigorosen Struktur scheint eher das Ergebnis einer philosophischen Reflexion, der Ausdruck eines strengen Ordnungswillens wider die bedrohlichen Elemente der Natur, denn ein Objekt der Lust.

Abgesehen von den Kais mit ihren Bäumen und einigen im neunzehnten Jahrhundert geschaffenen, etwas außerhalb liegenden Parks scheint Amsterdam eine Stadt zu sein, in der die Natur sich in zahlreiche Pflanzentöpfe zurückgezogen hat, die der Spaziergänger hinter den hohen Fenstern der Häuser wahrnimmt. Doch das wäre sehr befremdend für eine Stadt, in der Gartenbau seit Jahrhunderten eine große Rolle spielt. Und in Wirklichkeit ist es, wie in etlichen anderen Großstädten auch, so, daß die Natur sehr wohl vorhanden ist, nur eben auf verborgene Weise – als hätte man sie allein dem egoistischen Vergnügen einiger weniger Privilegierter vorbehalten. Hinter den Fassaden der hohen Häuser längs der Grachten verstecken sich Gärten, die auf ihren begrenzten und meist mehr tiefen als breiten Flächen die Zeitläufte mit ganz unterschiedlichem Glück überdauert haben.

An den Ufern der Vecht ließen sich viele reiche Kaufleute prächtige Landsitze mit Pavillons in den verschiedensten Stilrichtungen bauen. Manche sind erhalten, so zum Beispiel der von Loenersloot, den im siebzehnten Jahrhundert Daniel Marot entwarf (oben).

Der Pavillon im Garten von Blijdenstein in Nieuwersluis ist Bestandteil einer besonders romantischen Anlage (gegenüber).

Die an deren Ende zum Teevergnügen oder zur Unterbringung von Pflanzen oder Geräten gebauten Pavillons stehen bisweilen noch heute und sind zu äußerst angenehmen und begehrten Schlupfwinkeln geworden, in die man sich vor dem Lärm und Gedränge der Straßen flüchten kann, ohne die Innenstadt zu verlassen. Diese Pavillons sind strukturierende Elemente einer Gartenanlage und stilistisch meist an der Fassade des Hauptgebäudes orientiert. Sie tragen viele Namen: Gloriette, Teepavillon oder schlicht Gartenlaube. Glorietten fanden sich vornehmlich in Stadtgärten. Einige sind erhalten geblieben, wie im Garten des Van-Loon-Hauses oder jenem der Prinz-Bernhard-Stiftung an der Herengracht, in der die Stiftung zum Schutz der historischen Gärten in den Niederlanden untergebracht ist.

Die Teepavillons bürgerten sich im Laufe des siebzehnten und achtzehnten Jahrhunderts auf den großen Anwesen ein, die sich die begüterten Kaufleute entlang der Vecht bauen ließen. Diese Pavillons, ganz unterschiedlich in Form und Baustoff – Glas spielte immer eine wichtige Rolle – wurden oft direkt am Wasser gebaut und bieten eine angenehme Umgebung, während man Tee trinkt und die Schiffe auf dem Fluß beobachtet. Heute werden sie sorgfältig restauriert, oft mit Unterstützung der Behörde für Denkmalschutz, wie etwa jener in Loenersloot, den Daniel Marot entwarf. Ihre Vielzahl und Unterschiedlichkeit – vom Zwiebeldach des siebzehnten bis zu den Varianten des neunzehnten Jahrhunderts – kann man während einer Bootsfahrt bewundern.

Im Gegensatz zu den englischen Parks und den französischen Gärten sind in Holland die

Dimensionen eher bescheiden. Der Garten ist in erster Linie eine Gestaltung des Raumes. Der Maßstab bestimmt alles. Und der ist hier begrenzt, fast intim, vor allem wenn es sich um Gärten von Privathäusern in der Stadt handelt, wie man anhand der Anlage dreier an der Herengracht verborgener kleiner Gärten sehen kann.

Geometrien

Die großen Ströme, die durch das Land bis in die Nordsee fließen, haben die Niederlande mit Sümpfen, Seen und Bächen überzogen, die sich, als man beschloß, diese Landschaft in weiten Teilen trockenzulegen und urbar zu machen, unter der Wirkung von immer mehr Dränagekanälen zu einem Königreich der geraden Linie entwickelten, das allerdings hinter einer scheinbaren Einfachheit komplexe Geometrien aufweist. Diese Topographie, die man durch die Geschichte hindurch auch in der holländischen Malerei immer wieder dargestellt findet, prägt die Persönlichkeit des Landes. Hier ist alles geradlinig: Wasserläufe, Deiche, Polder, Wege und Straßen, und eben auch, gleichsam als eine Reflexion, die Gärten – Hecken, Baumspaliere, mit Rasen bepflanzte oder mit Muscheln bedeckte Pfade –, alles ordnet sich auf diese Weise einem Grundmuster unter. Die Niederländer haben diese mathematisch strenge, aber friedliche Garten- und Landschaftsarchitektur immer gemocht und gepflegt.

Wie im siebzehnten Jahrhundert träumen auch heute viele Amsterdamer davon, ein Haus irgendwo am Vechtufer zu besitzen. Von den über zweihundert Häusern, die diesen romantischen Fluß einst im Goldenen Jahrhundert säumten, existieren mittlerweile über die Hälfte leider nicht mehr; andere, wie der Landsitz der Innenarchitektin Gerry Meijer, wurden aufwendig restauriert.

Dieses kleine Gartengrundstück an der Herengracht wurde mit besonders viel Phantasie gestaltet (ganz oben).

Die Bankfiliale nebenan ließ einen klassischen Garten anlegen. Neugier erweckt eine am Ende eines Laubenganges zu erkennende Statue (oben).

Auch hinter dem Haus der Prinz-Bernhard-Stiftung erstreckt sich ein imposanter Garten (gegenüber).

In der lotrecht zum Haus verlaufenden Achse des Gartens befindet sich ein Bassin, das von einer breiten, beidseits von Rosen und ausdauernden Pflanzen verzierten Allee umgeben ist. Eingetopfter *Agapanthus* schmückt die Terrasse hinter dem Haus, wo die Eigentümerin eine von schönen Vasen und Holzbänken aufgelockerte Buchsbaumanlage geschaffen hat. Dieser himmlische Garten, entworfen von Dick Beyer, entspricht durchaus der freundlichen Opulenz der Innenausstattung des Hauses.

Wahrscheinlich lernte Jacob Boreel während seiner Botschaftertätigkeit 1760–62 am Hofe König Georges III. englische Gärten kennen, die nach den Entwürfen von William Kent, Charles Bridgeman oder Lancelot Brown angelegt worden waren, und er war von diesen so begeistert, daß er für sein Landgut Beeckestijn eine ähnliche Gartenanlage in Auftrag gab. So führte er in den Niederlanden eine Mode ein, die mehr als anderthalb Jahrhunderte hindurch die gesamte Landschaftsgestaltung beherrschen sollte. Boreel brach mit der traditionellen Architektur der französischen Parks: den Längs- und Querachsen und der rigiden Tendenz zur Geometrie, die, als wolle sie die Natur im Zaum halten, auf strenggeschnittene Hecken baut. Über den persönlichen Charme hinaus fasziniert Beeckestijn durch das einträchtige Miteinander verschiedenartiger und scheinbar widersprüchlicher Stilrichtungen, die jedoch zu verstehen sind als eine interessante Antwort auf ein Rätsel: das der Natur.

Während Boreel die klassische Struktur der Gärten unmittelbar um das Schloß herum unangetastet ließ, entwarf er für den Park, der sich jenseits davon erstreckt, einen sehr fließenden Verlauf, so daß er sich nicht aus der ländlichen Umgebung heraushebt. Neben seiner Bedeutung für die Stilgeschichte der Landschaftsgestaltung verdient Beeckestijn auch deshalb Aufmerksamkeit, weil hier, um den Heilkräutergar-

ten herum, eine der letzten in den Niederlanden erhaltenen »Schlangenmauern« steht. Die zwei bis drei Meter hohen, wellenförmig verlaufenden Backsteinmauern wurden zum Schutz vor Wind und Frost gebaut. Tatsächlich kann man in den so entstehenden Nischen Obstbäume ziehen, die ohne den Schutz der Mauer ein Opfer der Witterung würden; die im Laufe des Tages von den Backsteinen gespeicherte Hitze begünstigt zusätzlich dieses Kleinklima, das somit die Vorteile von Freiland und Gewächshaus miteinander vereint.

Der in Beeckestijn eingeführte Stil der Landschafts- und Gartengestaltung übte großen Einfluß auf später gebaute Gartenanlagen aus. Die Gärten von Beeckestijn sind heute wunderschön restauriert, aber mit einer konzeptionellen Freiheit, die auch neuen Ideen Raum läßt. Ein schöner Steinspringbrunnen in einem Bekken und Beete mit Rosen tragen zu der faszinierenden Harmonie dieser kultivierten Gartenanlage ebenso bei wie die im Frühjahr unter alten Bäumen blühenden Wildblumen.

Längs der Vecht wurde für die Arbeiter einer mittlerweile stillgelegten Glashütte eine Zeile flacher Häuser gebaut. Seit ihrer Restaurierung werden sie heute bevorzugt von Architekten und Musikern bewohnt. So haben Jan ten Broeke, Direktor des Zentrums für niederländi-

Das Haus der Innenarchitektin Gerry Meijer liegt an der Vecht. Im Garten befindet sich ein sehr elegantes, lotrecht zur Fassade angelegtes Wasserbecken (unten).

Zu den Vergnügungen der Vecht-Anrainer gehört es seit jeher, das pausenlose Vorüberziehen der Ausflugsboote zu beobachten. Der zur Vecht gelegene Park von Jan Willem und Henny ten Broecke wurde wie eine Proszeniumsloge für dieses Schauspiel konzipiert (oben).

Im Park von Schloß Muiden präsentiert sich der Kräutergarten im Frühjahr, wenn die Kirschbäume blühen, noch etwas zurückhaltend. Im Sommer blühen dort farbenprächtige Heil- und Duftpflanzen – ein grüner Teppich, übersät von bunten Blüten (rechts).

sche Musik, und seine Frau Henny einen sehr modernen Garten mit einer geometrischen Architektur angelegt, in dem der zur Verfügung stehende Raum und die unterschiedlichen Niveaus mit nahezu mathematischer Genauigkeit geplant wurden, wodurch die Natur ein abstraktes, aber durchaus reizvolles Rahmenwerk erhalten hat. Der Garten ist um zwei dichtbewachsene Rasenflächen herum organisiert; zuweilen bündelt eine Skulptur die Perspektive oder gibt offenen Flächen einen optischen Schwerpunkt. Ein Werk des Bildhauers André Volten ist der Dreh- und Angelpunkt des Gartens. Es handelt sich um einen monumentalen Kupferwürfel, der sich trotz seiner gewaltigen Ausmaße bestens in diese Umgebung einfügt, wo Kräuter und Rosen duften. Das Greifbare und das Ungreifbare sind hier nahe beieinander und führen einen neuen Dialog.

Blumenleidenschaft

Prinzessin Juliana ist eine begeisterte Sammlerin von *Lathyrus*. Diese Leidenschaft pflegt sie, seit sie 1980 zugunsten ihrer Tochter abdankte. Jedes Jahr bemüht sie sich, die frühesten, größten und schönsten Blüten zu erzielen.

Der Gartenbau gehört zu den großen Leidenschaften, die alle Holländer teilen. So nimmt es nicht wunder, daß sie die Tulpe, die Nationalblume der Niederlande, um so viele Spielarten bereichert haben. Carolus Clusius, der Mann, der die Tulpenzwiebel 1592 nach Holland einführte, wäre heute sicherlich höchst erstaunt über den Triumphzug dieser Blume. Der Leiter des Botanischen Gartens von Leiden hatte bereits eine ansehnliche Karriere als Präfekt des Kaisers Maximilian von Österreich hinter sich. Nördlich von Amsterdam, in Limmen, zeigt der Botanische Garten Hortus Bulborum noch Exemplare der von Clusius gezüchteten Arten sowie der wichtigsten hernach im Lande gezüchteten Varietäten, von ganz alten bis zu neuen Hybriden und spätblühenden Exemplaren. (Angesichts einer solchen Fülle sollte der Gärtner allerdings an den Grundsatz denken, den Mies van der Rohe aussprach: Weniger ist mehr.)

Ende des achtzehnten Jahrhunderts zählte man mehr als zweihundert Landsitze am Ufer der Vecht. So außergewöhnlich schöne Exemplare wie das Haus des Admirals Tromp in 's Graveland (unten) oder das Ende des achtzehnten Jahrhunderts erbaute Rupelmonde (ganz unten) sind zum Glück noch erhalten.

Im Botanischen Garten von Limmen kann man die verschiedensten Tulpenarten und -sorten bewundern (gegenüber).

Dieses Museum für Zwiebelpflanzen präsentiert insbesondere Tulpen des sechzehnten und siebzehnten Jahrhunderts, die bei Gartenfreunden oder -besitzern, die alte Gärten erhalten oder restaurieren möchten, wieder zunehmend auf Interesse stoßen. Die Nationalsammlung steht unter Naturschutz und wird aufwendig unterhalten. Außer Tulpen wachsen hier auch moderne Spielarten der Narzisse, der Kaiserkrone und der Hyazinthe. Zu sehen sind auch die einstmals aus Kleinasien und Zentralasien importierten wilden Tulpen, die für viele Blumenfreunde von besonderem Interesse sind. Für den Besucher ist dieser Garten also ein unerschöpflicher Quell der Inspiration, der ihm dabei hilft, unter einer Unmenge fein abgestufter Varietäten und alten Zwiebeln, die er hier bewundern kann, seine Auswahl zu treffen.

Rupelmonde ist mit Sicherheit eines der schönsten Besitztümer am Vechtufer. Dieses imposante, im achtzehnten Jahrhundert erbaute Haus scheint mit seiner von hohen Fenstern gegliederten Fassade und seinem eleganten Gesims aus dem Wasser aufzusteigen. Zur Freude des Hausherrn und seiner Gäste ereignet sich jedes Frühjahr aufs neue ein wundervolles Schauspiel. Die ausgedehnte Wiese vor dem Haus überzieht sich mit einem weiß-violetten Teppich, und die noch kahlen Äste der alten Eichenbäume überwachen ein dichtes Feld von Krokussen, die über Wochen hinweg den Frühling ankündigen.

Auf dem Anwesen des Professors van Rossum in Leeuwenburg befindet sich einer der schönen Teepavillons am Vechtufer. Der im Jahre 1800 gebaute Pavillon, mit frischgestri-

chenen gelben Mauern und Reetdach, bietet einen idealen Ausblick auf die heimisch gewordenen Wildpflanzen, die diesen Garten so einzigartig machen; es sind Abkömmlinge von Zwiebelgewächsen, die friesische Ritter aus Kleinasien mitgebracht hatten. Seither haben sie sich frei vermehrt, wie hier, wo die Wiese jedes Frühjahr zur Freude der Spaziergänger mit blauen Blumen übersät ist: mehrere Krokusarten, darunter *Crocus tommasinianus,* sowie eine Unmenge von *Scilla* überfluten den Rasen unter den uralten Bäumen. Jedes Jahr aufs neue sind auch zwei Blumengärten eine Augenweide, der eine mit alten Rosen, der andere mit gelb und weiß blühenden Pflanzen, die sich dem Blick des Besuchers hinter einer Eibenhecke entziehen.

Den amerikanischen Maler William Henry Singer, Erbe des Industrieimperiums, das seinen Namen trägt, zog die Atmosphäre der Anfang des Jahrhunderts in Laren gegründeten Künstlerkolonie unweigerlich in ihren Bann. 1911 beschloß er, sich dort niederzulassen, um

Auf dem großzügig angelegten Grundstück von Rupelmonde sprießen im Frühjahr die ersten Triebe der Eichen, während darunter ein dichtes Krokusfeld über Wochen hinweg den Sommer ankündigt.

sich ganz der Malerei zu widmen. In seinem prachtvollen geräumigen Haus, in dem er 1943 verstarb, eröffnete 1956 seine Witwe ein Museum, in dem sowohl seine Werke als auch solche von Boudin, Corot, van Dongen, Daubigny und Bonington zu sehen sind, neben Statuen von Bourdelle und Rodin, sowie eine schöne Sammlung von Antiquitäten und alten Möbeln aus Holland, Frankreich, Italien, Deutschland und China.

Noch heute kündet der Garten von Singers besonderer Zuneigung für den Rhododendron, der überall zwischen wundervollen Bäumen blüht. Alljährlich wird hier die Gartenschau für Herbstblumen, die »Herbstflora«, abgehalten, zu der die Bewohner dieser von der Natur verwöhnten Gegend herbeiströmen.

Einer der Parks, der sich in Holland nachhaltig auf die gesamte Garten- und Landschaftsgestaltung ausgewirkt hat, ist der Amstelveener Thijsse-Park, benannt nach einem berühmten Botaniker, der einen Park in Bloemendaal gestaltete, wo er bevorzugt wilde Pflanzen einsetzte und damit eine selten gepflegte Art des Gartenbaus praktiziert hatte. Der Amstelveener Park erstreckt sich über eine Fläche von sechs Hektar und wurde von C.P. Broerse entworfen.

Die Idee war, zwischen den Villen der neuen Ansiedlung im Süden von Amsterdam eine Parkanlage zu schaffen. Unter den Bäumen gedeihen Farnkraut, Anemonen und Bärenlauch *(Allium ursinum)* sowie Hunderte weiterer Feld-, Wald- und Wiesenblumen. Obwohl wegen der Feuchtigkeit des Torfbodens die Pflanzenauswahl nicht leicht zu treffen ist, findet man hier eine erstaunliche Vielfalt und Fülle vor, die in erster Linie J. Landwehr zu danken ist, dem Assistenten von C.P. Broerse und ausgezeichneten Kenner der Torfflora.

Zu jeder Jahreszeit findet der Besucher hier Pflanzen, die er in ihrer Blüte bewundern kann: Wolfsmilch, Enzian, Erika, wilde Tulpen ... Der Amstelveener Park hat viele Gartenfreunde auf den Gedanken gebracht, bei der Planung ihres eigenen Gartens auch Wildgewächse mit einzubeziehen. Damit hat er viel für die Popularität wilder Pflanzen und Blumen getan, indem er bewies, daß diese den Zuchtpflanzen an Schönheit in nichts nachstehen.

Bei Professor van Rossum setzt ein kleiner reetgedeckter Teepavillon im weitläufigen Garten einen charmanten Akzent. Anfang Februar bis Ende April übersäen erst Schneeglöckchen, dann Krokusse die große Wiese, die sich bis an die Vecht erstreckt. Anschließend blühen *Scilla* und viele andere hellblaue Blumen (oben).

Der amerikanische Maler William Singer, Erbe des weltbekannten Familienimperiums, zog zu Beginn dieses Jahrhunderts in die Künstlerkolonie Laren. In der luxuriösen Villa, in der er 1943 verstarb, wurde ein Museum mit Gemälden von Boudin, Corot, Bonington, van Dongen und vielen anderen Künstlern eingerichtet. Im Garten führt eine Pergola zu einem dicht begrünten griechischen Pavillon (gegenüber).

Wenn man als Hobbygärtner seinen Garten allein auf eine Pflanzenart ausrichtet, so ist das Risiko groß, daß sich Eintönigkeit breit macht. Zwar genügt man damit einer gewissen Strenge und Kohärenz, doch eine solche Systematik wirkt oft langweilig. Dieses Problem hat der Eigentümer eines kleinen Hauses in Amstelveen vorbildlich gelöst. Hier sind die Farne König. Die feinblättrigen Pflanzen wurden ausgesucht, um die Fläche zwischen Straße und Haus mit einem filigranen Schleier zu bedecken. Von diesem wogenden Dekor hebt sich an der Hauswand eine hübsche Rokokobank aus weißlackiertem Gußeisen ab, über der sich ein ebenfalls gußeisernes florales Motiv befindet. Eine Fülle von *Hosta glauca* 'Robustae' schafft mit ihren blaugestreiften Blättern einen harmonischen Übergang zwischen dem Grün des Farns und dem Weiß der Dekorationselemente. Zu diesen wiederum bilden die weißen Dolden einer Hortensie *Hydrangea petiolaris,* die auffällig an der Hauswand emporrankt, eine raffinierte optische Verbindung.

Ein mit Bruchstein gepflasterter Pfad windet sich durch den Farn. Eine *Skimmia* ist von ein paar immergrünen Arten umgeben; dieser niedrige Strauch hat sich hier prächtig entwikkelt und erscheint wie eine natürliche Skulptur aus grünen und weißen Blättern und vielen roten Beeren.

Maria Hofker ist Malerin. Bei der Besetzung von Indonesien, der ehemals niederländischen Kolonie, stellten die japanischen Truppen sie 1942 zusammen mit ihrem Ehemann unter

Der bezaubernde Park von Amstelveen bei Amsterdam erhielt seinen Namen nach dem berühmten Botaniker J.-P. Thijsse, der sich besonders für die wildwachsende Flora begeisterte (oben).

Zu Beginn des Frühjahrs werden die blaßrosa Blüten der *Petasites hybridus* über den breiten, runden Blättern erscheinen (rechts).

Im Braak-Park, der neben dem Thijsse-Park ein einzigartiges botanisches Erlebnis bietet, setzen die Kastanienbäume *Aesculus carnea briotii* und die Rhododendren einen lebhaften roten Akzent. Der Besucher findet hier viele wilde Blumen und Pflanzen, die den gezüchteten an Raffinesse in nichts nachstehen (oben).

Links eine der Villen am Thijsse-Park mit einem herrlichen Garten.

Hausarrest. Als die beiden nach Kriegsende nach Amsterdam zurückkehrten, fanden sie keine Wohnung. So faßten sie den originellen Entschluß, einen der zahllosen Schrebergärten zu kaufen, die in der Umgebung der Stadt zu finden sind.

Gewiß, das Grundstück ist klein, aber sie haben es mit größter Sorgfalt hergerichtet und ein kleines Holzhaus gebaut. Eine von Wein bewachsene Pergola dient an schönen Tagen zugleich auch als Atelier. Ausdauernde Pflanzen beherrschen das Bild, deren Charme die beengten Verhältnisse rasch vergessen macht. Rosen, Engelwurz, unzählige Geranien, Rittersporn und *Erigeron* geben diesem Garten eine unleugbar poetische Stimmung.

Die Allgegenwart des Wassers

In diesem Land, dessen Territorium zu fast einem Viertel unterhalb des Meeresspiegels liegt, stellt das Wasser zwar eine ständige Bedrohung dar, die Schritt für Schritt mit Eindeichungen gebannt wird, doch gleichermaßen begegnet man diesem Element mit großer Bewunderung. In Schloßgärten wie Parks nehmen Wasserspiele eine besondere Stellung ein.

In Maria Hofkers Schrebergarten ergänzen sich verschiedenste Blumensorten zu einer einzigartigen Harmonie (links und gegenüber).

Eine von Weinreben überwucherte Pergola dient auch als Atelier (rechts).

Seit dem siebzehnten Jahrhundert werden die holländischen Gärten mit Springbrunnen und Bassins ausgestattet, die sich bei aller Schönheit freilich nicht mit den überwältigenden Wasserspielen und Kaskaden italienischer Gärten vergleichen lassen.

Das Einbeziehen von Wasser als einem originellen Element der Garten- und Landschaftsgestaltung hat im Laufe der Zeit enorm an Bedeutung zugenommen. Nachdem das Ausheben schmaler Kanälchen traditionell zur Flächen- und Grenzmarkierung eingesetzt worden war, dienten im achtzehnten Jahrhundert Wasserläufe dazu, unberührte Natur vorzutäuschen. Heute spielt Wasser bei der Garten- und Landschaftsgestaltung eine Hauptrolle.

In einem kalkgetünchten Backsteingebäude, dessen Ursprünge bis ins fünfzehnte Jahrhundert zurückreichen, hat, auf halbem Wege zwischen Amsterdam und Den Haag, Leonard van der Putten in den zwanziger Jahren den Gasthof De Beukenhof eröffnet, um die Kunden seiner Baumschule in der Ortschaft Oegstgeest zu bewirten. Zunächst war es nur ein Teesalon, doch De Beukenhof entwickelte sich schnell zu einer der besten Gastronomien der Niederlande, so daß die Baumschule zugunsten des Restaurants aufgegeben wurde, dessen wunderschöne Gartenanlage zu seinen unübersehbaren Vorzügen gehört.

Leonard van der Putten hatte die Kunst der Gartengestaltung Anfang des Jahrhunderts bei Sir Edwin Lutyens und Gertrude Jekyll gelernt. Der Sohn eines Blumenzwiebelhändlers tat sich mit einem Freund zusammen, der in Nimwegen Architektur studiert hatte.

Die Gartenanlage ist offensichtlich nach dem Vorbild englischer Gärten vom Anfang des Jahrhunderts gestaltet, mit vielen von Glyzinen überwucherten Pergolen, kleinen Pavillons und natürlich wirkenden Wasserflächen. Besonders üppig wächst auch eine Klematis über eine

Ursprünglich war der in den zwanziger Jahren gebaute Gasthof De Beukenhof als einfacher Teesalon konzipiert, in dem die Besucher der dazugehörigen Baumschule bewirtet wurden. Doch nach und nach entwickelte er sich zu einem beliebten Treffpunkt für Feinschmekker und Gartenfreunde.

Der Garten ist durch geradlinig angelegte Wasserflächen strukturiert, die von einem romantisch anmutenden Spalier aus Topfpflanzen und weißen Steinbüsten flankiert werden oder von blühenden Rhododendren und Hortensien (oben und rechts).

Drahtkuppel, um die einer der Teilgärten angelegt ist. In der gesamten Anlage entfaltet sich eine bunte Blütenpracht, die unweigerlich an die schönsten englischen Schöpfungen der Gartenkunst denken läßt, doch immer ist im vielschichtigen Zusammenspiel das Wasser das verbindende Element. Die Spiegelungen und der schillernde Glanz einer sanft integrierten Wasserfläche geben diesem Ort eine romantische Atmosphäre. Das Wasser verleiht der üppigen, aber nicht verwirrenden Fülle der Vegetation, die sich nach siebzig Jahren sorgfältiger Pflege in einem Zustand idealer Vollkommenheit befindet, eine neue Dimension.

Zu den reizvollsten Landgütern am Vechtufer gehört auch Queekhoven. Es liegt in Breukelen – dem Ort, der Brooklyn den Namen gab – und hat seit seiner Errichtung im siebzehnten Jahrhundert eine recht bewegte Geschichte aufzuweisen. So wurde es von Soldaten Ludwigs XIV. verwüstet, bis ein Baumeister, dessen Name nicht überliefert ist, es von Grund auf wieder aufbaute.

Die Bezeichnung »zandpad« (Sandpfad) für den Zugangsweg zum Haus erinnert an Zeiten, als man das Landgut noch auf einem Treidelweg erreichte. C.W. Matthes, ein begeisterter Freund von Orchideen, kaufte den Besitz und ließ den Garten im englischen Stil umgestalten. Man pflanzte herrliche Bäume und Sträucher, darunter Ahorn, Buchen, Magnolien und einige Rhododendren.

Der Garten von Queekhoven zählt zu den größten am Vechtufer und überrascht durch die Vielfalt seiner Bäume, Wiesen, Blumen und Gemüsepflanzungen. Man kann noch heute das alte Gewächshaus besichtigen. Es ist von Weinreben bewachsen, die alljährlich mit Ochsenblut benetzt werden, das in die Erde eindringt, die Pflanzen stärken und die Qualität der Trauben steigern soll – hier werden noch alte Traditionen gepflegt.

Der Garten des Landsitzes Queekhoven am Vechtufer gehört wegen seiner außergewöhnlichen Bäume und Sträucher zu den bemerkenswertesten in der Umgebung: Magnolien, Platanen, Eichen, Buchen, verschiedene Rhododendron- und Hortensienarten komponieren von Mai bis November ein imposantes Bild von grünem Laubwerk mit phantastischen Farbtupfern (oben und gegenüber).

Die *Gunnera manicata* breitet ihre riesigen, schalenförmigen Blätter am Ufer einer der Wasserflächen des Gartens aus (gegenüber). Diese aus Brasilien stammende Riesenpflanze gedeiht sehr gut im feuchten Bodenklima der holländischen Gärten. Ihre Blätter gelten als die größten im Pflanzenreich.

Das Wasser, das sich durch den Park schlängelt, fließt an einer eindrucksvollen Eibenallee entlang, die aus sechzig Bäumen besteht.

Die klimatischen Verhältnisse der Niederlande sind normalerweise für Kamelien nicht geeignet. Doch an geschützten Stellen gedeihen sie sehr gut. Bestimmte neuseeländische Arten und Sorten sind sogar winterfest.

Eine der spektakulärsten Freiland-Kameliensammlungen findet sich in Haarlem, in einem Garten, wo man nach dem Fällen einer jahrhundertealten Buche an deren Stelle eine kleine, das Licht spiegelnde Wasserfläche anlegte, um die herum eine Vielzahl einjähriger, aber auch ausdauernder Pflanzen wächst, die den Garten mit rosa, blauen und violetten Farben akzentuieren.

Die Kamelien wurden in dem Gartenbereich nördlich des Hauses angepflanzt. Dieser Standort ist ideal, denn das Haus spendet Schatten und Wärme, so daß die anfangs noch winzigen Setzlinge mittlerweile mehrere Meter Höhe erreicht haben. Freunde und Liebhaber der Botanik werden eingeladen, sobald die rosa, weinroten und weißen Blüten sich öffnen.

Holland war seit jeher berühmt für seine zum Anbau von Zwiebelpflanzen günstigen Bodenverhältnisse. Die Erde muß einerseits nämlich sandig, darf aber andererseits nicht zu nährstoffarm sein, so wie es längs der Nordsee hinter den Dünen der Fall ist. Der Blumenanbau, der seit dem sechzehnten Jahrhundert in Limmen, Lisse, Hillegom und Sassenheim betrieben wird, macht Amsterdam zu einer der wichtigsten Drehscheiben des internationalen Blumenhandels, und die Versteigerung in Aalsmeer, vor den Toren der Stadt, ist der größte Blumenmarkt der Welt.

Jan Bader gehört zu den erfolgreichsten Händlern in diesem Geschäft, und sein Unternehmen Onderwater expandiert ständig. Er exportiert Blumenzwiebeln in die Vereinigten

Staaten, nach Kanada und Großbritannien. Um seine Kundschaft angemessen empfangen zu können, hat er ein geräumiges Haus in Sassenheim gekauft, wo seine Frau die früheren Wiesen des Grundstücks in einen wunderschönen Garten verwandelt hat. In einem Bereich befindet sich ein großes, von ausdauernden Pflanzen gesäumtes Bassin, das zunächst in einen farbenfrohen Garten, dann in einen Obsthain führt.

Als letztes wurde der klassische Garten angelegt mit Rosen, ein- und mehrjährigen und ausdauernden Pflanzen. Die Zwiebelblumen sind in dem Bereich des Gartens angepflanzt, wo das Bassin liegt. Außer der Fülle an Farben, die den bezwingenden Reiz des Gartens ausmachen, bietet er darüber hinaus auch ein wertvolles Studienterrain für neue Blumenarten, die die Besitzerin hier mit viel Sorgfalt kultiviert.

Im Garten von Tineke und Jan Bader bilden Traubenhyazinthen einen sehr schönen Hintergrund für Tulpen und Narzissen. Ein Rundweg aus Backstein führt zwischen Rosen und *Salvia superba* 'Ostfriesland' hindurch (rechts).

Jenseits der großen Wasserbecken und ausgedehnten Wiesen liegt ein Garten mit Rosen und mehrjährigen Pflanzen (gegenüber).

Die moderne Gartenanlage, die besonders bemerkenswert wegen ihrer spektakulären Kameliensammlung ist, liegt in Haarlem und gehört zu einem alten Haus am Ufer eines Kanals (unten).

Treffpunkte

Sinn für Tradition und Aufgeschlossenheit für alles Moderne – beides existiert gleichberechtigt nebeneinanderher in dieser intim wirkenden Stadt, in der man es versteht, gut zu leben. Die Cafés sind wie Wohnzimmer, und wer bei einem Einkaufsbummel einen der vielen Läden betritt, wird feststellen, daß man hier den Vorzug genießt, als Gast behandelt zu werden.

1

2

3

4

BRUINE KROEGEN

Selten empfangen die Holländer Besuch bei sich zu Hause. Viel lieber trifft man sich in freundlichen Lokalen, die sie quasi zu ihren Wohnzimmern gemacht haben. Besonders beliebt sind jene Traditionskneipen, die »bruine kroegen«, die seit dem Goldenen Jahrhundert die verschiedensten Epochen und Moden ungerührt an sich vorüberziehen ließen. Nikotinvergilbte Wände, ein alter Ofen, alte Holztäfelungen, blitzende Zapfhähne **(3)** und manchmal, wie im **Papeneiland (9),** mit alten Delfter Kacheln verkleidete Wände gehören zur Ausstattung dieser Lokale, in denen sich ein entscheidender Teil des gesellschaftlichen Lebens abspielt. Nicht zu vergessen auch der Lektüretisch **(10, 12, 13),** auf den kein echter Holländer verzichten möchte und der den Gästen täglich eine breite Presseauswahl bietet. In diesen Gaststätten kann man sich unterhalten, Zeitung lesen, aber auch Schach oder Billard spielen, oder, wie im **De Druif (2, 4)** hinter den Docks, das Kartenspiel »klaverjassen«. Aus demselben Bemühen um Wohlbefinden richten Firmen ihrem Personal bisweilen sehr gemütliche Freizeiträume ein, wie zum Beispiel die Cafeteria von Stadsherstel, einer Gesellschaft zur Restaurierung alter Häuser, in der ehemaligen Kirche **Amstelkerk (8).** Der Journalistentreff **Hoppe (1, 3)** ist einer der bekanntesten »bruine kroegen« von Amsterdam. Der enge, verräucherte und lärmende Saal mit dem sägemehlbestreuten Dielenboden ist fast immer zum Bersten gefüllt, so daß man im Sommer auch auf den Platz vor den Türen ausweicht. Überhaupt lieben die Bewohner dieser Stadt das Leben draußen, und mit den ersten schönen Tagen spielt es sich auf den Straßen, auf den Freitreppen der Häuser und auf den Terrassen der Lokale ab.

An einem der hübschesten Kanäle des Jordaan, dem malerischen alten Stadtteil, den sich Künstler und Kunsthandwerker zur Heimat erkoren haben, hat das

5

6

7

8

11

12

13

t' Smalle (5, 14, 15, 16) seine eigene Anlegestelle. Dieses reizende »eetcafé« – man serviert leichte Mahlzeiten – hat die Jahrhunderte spurenlos überstanden. Hinter seinen hohen, bemalten Fenstern kann man in aller Ruhe ein »broodje« (üppig belegtes Sandwich) und einen Salat zu sich nehmen. In seinem geschichtsträchtigen Dekor beschwören die Bilder der großen Schiffe von einst die Geschichte Amsterdams als Hafenstadt. Gut aufgehoben ist man auch im »eetcafé« **De Zeilvaart (6, 7)**, das sich ans äußerste Ende des Hafens zurückgezogen hat.

Seit den achtziger Jahren begann man in Amsterdam Lokale ganz anderen Stils zu eröffnen. Der warmen, dunklen Stimmung in den »kroegen« setzten sie modern eingerichtete, weite, lichtdurchflutete Räume entgegen. Repräsentativ für diese Tendenzen ist das hinreißend eingerichtete **De Jaren (10, 11)** mit einer Terrasse direkt zur Amstel.

Bemerkenswert sind auch die Lokale, die den unnachahmlich glamourösen Stil vom Beginn des Jahrhunderts bewahrt haben. Das **Americain (13)** ist seit seiner Eröffnung im Jahre 1902 nahezu unverändert geblieben und nach wie vor zu jeder Tageszeit ein angenehmer Ort. Das **Wildschut (17)**, gegenüber dem Roelof Hartplein gelegen, einem der schönsten Plätze der Amsterdamer Schule, gibt sich mit seinen aus einem Kino der zwanziger Jahre übernommenen Möbeln einen Hauch von Glamour.

14

15

16

17

1

2

8

3

DER GENEVER

Als im siebzehnten Jahrhundert die Leidener Bevölkerung von der schwarzen Pest schwer dezimiert wurde, kam ein junger Arzt, der bei den Mönchen die Zubereitung eines Kräutersuds gelernt hatte, auf den grandiosen Gedanken, diesen zu destillieren, um ihn haltbarer zu machen. So wurde der Genever geboren. Wie Kees van Wees **(3)** sagt, der eine der ältesten Destillerien im Lande besitzt **(5, 6)**, »wird guter Genever auf der Basis mehrerer Kornarten und mit Wacholderbeeren sowie verschiedenen Kräutersorten destilliert« **(7)**. Außer Genever kennt man in den Niederlanden eine große Auswahl von Likören. Auch die niederländischen Obstwässer brauchen sich keinesfalls hinter denen aus dem Elsaß oder dem Wallis zu verstecken. Manche Liköre tragen poetische Namen und führen die Traditionen der heilkundigen Mönche fort, die sie für durchaus weltliche Anwendungen erfunden hatten. So wurde die »Stachellose Rose« eigens zubereitet, um den Atem der Mädchen zu erfrischen. Der »Oranje Bitter«, ein dickflüssiger Orangenlikör, wird am Geburtstag der Königinmutter landesweit auf das Wohl des Hauses Oranien getrunken.

Besondere Hochachtung genießen Genever und Liköre in den sogenannten »proeflokalen«, die man überall in den Niederlanden findet, in der Amsterdamer Innenstadt zum Beispiel das **De drie Fleschjes (2)** mit seiner außergewöhnlichen Ausstattung oder etwas außerhalb an einem Seitenkanal das **Hooghoudt (4)** in den Räumlichkeiten eines ehemaligen Lagers aus dem siebzehnten Jahrhundert oder im **In den Uiver (1, 8)** in Haarlem, einer ehemaligen Fischhandlung aus dem neunzehnten Jahrhundert: Hier pflegt man am Tresen noch das Ritual, sich zu dem randvollen Gläschen hinabzuneigen, um mit gespitzten Lippen den aromatischen Alkohol zu schlürfen, ohne einen Topfen zu vergießen.

4

5

6

7

AMSTEL
BIER

1

2

3

TRADITIONELLE GENÜSSE

Die Reisenden vergangener Jahrhunderte waren ihren Berichten zufolge oft verblüfft über den enormen Appetit der Holländer, und die holländische Küche hat bis heute den Ruf, etwas einfallslos und sehr mächtig zu sein – zu Unrecht, wenn sich auch manche Gewohnheiten nicht verändert haben: Heilig sind nach wie vor die Kaffeepausen mit den köstlichen Butterkeksen, und bewahrt haben sich die Niederländer auch traditionelle Gerichte wie die Erbsensuppe oder den Gemüse- und Fleischeintopf.

Doch unter der Ägide junger, einfallsreicher Küchenchefs, die sich von den alten Bräuchen zwar inspirieren lassen, andererseits darauf achten, Rezepte für leichte und besonders raffinierte Speisen zu entwickeln, hat die traditionelle Küche einen neuen Aufschwung erfahren. Ihre erste Regel lautet, ausschließlich einheimische Erzeugnisse zu verwenden: Matjes, Räucheraal **(5)**, Meeresfrüchte aus Zeeland, Chicorée, Spargel (für den es ein eigenes Fest gibt), Gemüse aus Limburg; die Bodenerzeugnisse Hollands sind von unvergleichlicher Mannigfaltigkeit. Ähnlich wie bei den Kneipen und Cafés gibt es auch bei den Restaurants solche, deren Einrichtung noch aus dem Goldenen Jahrhundert stammt, und solche, die auf kühnes modernes Design setzen. In dem herrlichen Traditionsrestaurant **d' Vijff Vlieghen (4)**, im **Blauwe Parade (2)**, in dem sich über der Holzvertäfelung ein wunderschönes Delfter Kachelband vom Ende des neunzehnten Jahrhunderts anschließt, auf dem Kindermotive zu sehen sind (siehe auch Detail S. 1), oder im **De Hoop Op d'Swarte Walwis (7)**, in dem man einen außergewöhnlichen Kamin mit braunen Kacheln bewundern kann – in diesen Restaurants wird der Feinschmecker traditionelle Gerichte und einheimische Erzeugnisse in althergebrachter Atmosphäre genießen können. Dagegen bietet

4

5

6

7

8

Het Tuynhuis (3), ein ehemaliges »koethuis«, das der Fotograf und Designer Kees Hageman umgebaut hat, in farbenfrohen, großzügig eingerichteten Räumen und im herrlichen Garten eine kleine Karte, die den Stil des Szenelokals widerspiegelt. Wer sich dagegen zu den Dekors des Fin de siècle hingezogen fühlt, wird im Bahnhof auf Gleis 2B im **Grand Café 1e Klas (1)** auf seine Kosten kommen.

Dank der Initiative dreier Freundinnen, die jeweils bei sich zu Hause auf Bestellung Abendessen organisieren, kann man in Amsterdam auch im privaten Eßzimmer eines typischen Grachtenhauses dinieren und den Abend verbringen: an der Keizersgracht bei **Charlotte Bentinck (6)** oder bei **Pat van den Wall** an der Herengracht. **Kyra ten Cate** empfängt bei Kerzenlicht in einem ehemaligen Schiffsbedarfslager **(8)** aus dem achtzehnten Jahrhundert.

In der holländischen Gastronomie steht Käse natürlich mit an erster Stelle. Es gibt kein genußvolleres Vergnügen, als jene Käsereien zu besuchen, in denen nach althergebrachtem Verfahren »boerenkaas«, junger Bauernkäse aus Rohmilch, hergestellt wird. Verfolgen kann man die einzelnen Herstellungsphasen in der Käserei von **Catharina Hoeve (9)**, in dem pittoresken Dörfchen Zaanse Schans mit seinen grüngestrichenen Häusern oder in Broek in Waterland, einer anderen Ortschaft nahe Amsterdam, auf dem Hof **De Domme Dirk (10).** Doch auch der alte Gouda verdient eine Kostprobe und Würdigung. Nach drei oder sogar fünf Jahren Lagerung in speziellen Regalen **(11)** hat er das richtige Aroma, um zum Aperitif gereicht zu werden.

9

10

11

1

2

3

4

GEWÜRZSTRASSEN

Die großen Segelschiffe des Goldenen Jahrhunderts brachten von ihren Fahrten in ferne Länder exotische Gewürze und seltene, kostbare Genußmittel mit, die im reichen Amsterdam zum Verkauf angeboten wurden. Schokolade, Tee und Kaffee waren die Lieblingsgetränke der guten Gesellschaft. Noch heute schenkt am Weihnachtstag die Königin persönlich den Hofangestellten und dem Personal heiße Schokolade ein. 1980 begann die Amsterdamerin Jenny van Aken eine Sammlung alter Schokoladendosen anzulegen **(6)**, die heute 2800 Exemplare umfaßt, im Guiness-Buch der Rekorde aufgeführt ist und von der Tradition der Schokoladenfabriken, die früher im Stadtzentrum lagen, zeugt.

Auch heute noch bieten in Amsterdam Läden von beeindruckender Eleganz exotisch anmutende Waren an. Bei **Hajenius (1, 2)** umpfängt den Besucher in einer Einrichtung vom Beginn des Jahrhunderts der Duft von exklusiven Havannatabaken.

In Zaanse Schans ist in der ehemaligen Kolonialwarenhandlung **Heijn (5)** – heute Museum – alles zu sehen, was der Seefahrer seinerzeit brauchte. Herr Heijn, der einst als Hausierer anfing, leitet heute ein Supermarktkette. Bei **Keyzer (9)** bereitet man nach wie vor individuelle Teemischungen, die Stammkunden seit jeher glücklich gemacht haben, während bei **Wijs en Zn. (3, 4, 8)** auf der Warmoesstraat jede Woche die immer gleiche Zeremonie abläuft, wenn der Teekoster einkehrt, um die korrekte Zusammensetzung der feinen Mischungen zu prüfen. Nicht weit von hier liegt die Drogerie und Kräuterhandlung **Jakob Hooy (7)**, die dank ihrer charmanten Atmosphäre unverändert erfolgreich seit nunmehr zweihundert Jahren im Besitz der Familie Oldenboom ist.

5

6

7

8

KOFFIE
Café Speciaal
Columbia
Costa Rica
Espresso
Kenya
Nicaragua
Tanzania
Java
Biologische koffie
ORGANICO
Café Speciaal
Columbia
595

1

2

3

4

ZIMMER MIT AUSSICHT

Die Amsterdamer Stadtviertel sind wie Dörfer, jedes für sich mit einem ganz eigenen Zauber. Der Gast sollte sein Hotel je nach Neigung zu einem dieser Stadtviertel aussuchen. Das Hotel **Ambassade (4)** an der Herengracht befindet sich in acht kleinen Häusern aus dem siebzehnten Jahrhundert. Der Empfang ist aufmerksam und freundlich. Nur das Schnattern der Enten stört die morgendliche Stille. An der Keizersgracht liegt das schlichtere, aber phantasievoll eingerichtete **Het Canal House (1, 5)**. Ein ehemaliges, zum Stadtpalais umgebautes Rathaus an einem der ältesten Kanäle der Stadt, **The Grand (7–8)**, überrascht den Besucher mit seinen historischen Dekors; die Wände erzählen von sechshundert Jahren Geschichte; spektakulär ist der Jugendstilsalon mit Glasmalereien von Chris Lebeau, ein Hochzeitssaal, in dem auch Königin Beatrix sich vermählte. An der Amstel wird der Besucher von der berühmten Eingangshalle des **Amstel Hotel** empfangen, einem Bau aus dem vergangenen Jahrhundert, der erst vor kurzem restauriert wurde. Um den Charme des Stadtviertels am Vondelpark mit seinen hinter großen Gärten verborgenen Häusern aus der Zeit der Jahrhundertwende zu genießen, sollte man im Hotel **Toro (6)** absteigen. Nehmen Sie ein Zimmer mit Blick auf den See. Ziehen Sie es jedoch vor, Ihre Fenster aufs weite Meer zu öffnen, so sollten Sie sich nach Volendam begeben, einem pittoresken kleinen Hafen am IJsselmeer, ins Hotel **Spaander (2, 3)**, das ein seit dem siebzehnten Jahrhundert unverändertes Hochzeitszimmer mit einem kleinen Alkoven besitzt. In der schmucken Bar **(9)** hängen die Wände voller Bilder von Künstlern, die es immer wieder hierher zog.

5

6

7

8

1

2

SCHÖNHEITSSALONS

Die Niederländer sind wahre Meister darin, jedem geeigneten Ort mit bewundernswerter Stilsicherheit ein erstaunliches Maß an Intimität zu geben. In manchen Schönheitssalons lohnt sich schon allein deshalb ein Besuch, weil sie mit den phantastischsten Dekors ausgestattet sind.

Coiffeur **Michael (1, 2)** empfängt seine Kunden in einer ehemaligen Garage, die mit von Berlage und Bazel entworfenen Möbeln aus der Sammlung des Besitzers und mit geometrischen, bunten Glasmalereien – eine sogar vom berühmten Theo Nieuwenhuis – eher wie ein Kunstsalon wirkt. Weitere Werke von Theo Nieuwenhuis sind übrigens im Rijksmuseum oder im Antiquitätengeschäft Frans Leidelmeyer zu bewundern. Der Herrencoiffeur **P. J. Janse (3)** hat seinen Salon in einer ehemaligen Postfiliale eingerichtet, deren authentisches Interieur aus den dreißiger Jahren er mit einer einzigartigen Sammlung von Kunstobjekten, Möbeln und Accessoires vom Beginn des Jahrhunderts bereicherte. In eines der Fenster setzte er eine Originalscheibe ein, auf der eine Szene eingeätzt ist, die einen Barbier bei der Arbeit zeigt **(5).** Wer gerne in die Sauna geht, der darf sich bei Bob Snabel davon überzeugen, daß man dies auch in sehr kultiviertem Ambiente betreiben kann. Möbliert und dekoriert mit allen möglichen Elementen der Jahrhundertwende, Glasmalereien, Treppen, Holztäfelungen und Beleuchtungskörpern, die einst zur Ausstattung des Magasin du Bon Marché in Paris gehörten, ist seine **Sauna Déco (4)** an der Herengracht ein Ort, an dem man in Ruhe lesen, Schach spielen, plaudern oder schlicht die Schönheit der Räumlichkeiten bewundern kann.

3

4

HOOFD

1

2

3

4

ANTIQUITÄTEN

Was die Schiffe im Goldenen Jahrhundert an Kostbarkeiten aus fernen Ländern mitbrachten, um die Häuser der reichen Kaufleute zu schmücken, findet man heute oft bei Antiquitätenhändern, die sich hauptsächlich ums Rijksmuseum herum niederließen, als dieses Anfang des Jahrhunderts erbaut wurde. Diese Luxusgüter waren schon damals sehr kostspielig, und es dauerte nicht lange, bis man begann, sie zu kopieren.

So wurden im siebzehnten Jahrhundert in Delft Steingutmanufakturen eingerichtet, um das kostbare Porzellan aus China mit seinen blauen Schmuckmotiven (**4**, Sammlung Salomon Stodel) zu imitieren. Findige Handwerksmeister gaben dem Delfter Porzellan bald die ihm eigene hochwertige Originalität **(5).** Eines der schönsten Beispiele dieser Keramikkunst aus dem frühen 18. Jahrhundert kann man im Rijksmuseum besichtigen. Die berühmte Porzellanmanufaktur »De Porceleyne Fles«, die 1653 in Betrieb genommen wurde, produziert als einzige heute noch. Sie stellte erstmals das legendäre weiße Delfter Porzellan her, von dem Peter Gabriëlse einige schöne Exemplare besitzt **(6)** und das heute sehr gesucht ist. Echtes Porzellan war in Holland selten. Ende des achtzehnten Jahrhunderts gab es einige Manufakturen in Weesp **(1)**, Loosdrecht, Den Haag und entlang der Amstel, aber sie hatten nie die Bedeutung der rund fünfzig berühmten Porzellanmanufakturen von Delft. Das holländische Kunsthandwerk glänzte in allen Bereichen. In der Glaserei war es bekannt für die Qualität seiner Graveure, und so schickte man ihnen aus aller Herren Länder einmalige Stücke zur Verzierung zu. Auch Fenster wurden durch Glasmalerei oder Glasschliff (**3**, Rathaus von Weesp) meisterhaft veredelt. Im siebzehnten Jahrhundert machte Johannes Lutma, Amsterdams größter Silberschmied, den Ohrmuschelstil, dessen komplizierte Formen später von den

5

6

7

8

9

Tischlern kopiert wurden (**12**, holländische Kommode, Sammlung Salomon Stodel), bekannt. Auch die holländischen Silberschmiede imitierten ihn und produzierten dabei Meisterwerke (**2**, silberner Kessel, gestempelt DVG für Dirk van der Goorbert, Delft, 1774, id.). Doch auch aus jüngerer Zeit stammen sehr schöne Stücke aus versilbertem Metall (**13**, Boutique Silverplate).

1903 revolutionierte der Architekt Berlage die ästhetischen Normen seiner Zeit. Weniger bekannt ist, daß er auch Möbel entwarf (**9**, Schreibtisch, **Vakbonds Museum**). Als Gegenreaktion auf die Rationalität dieser Formen entwickelte die Amsterdamer Schule einen sinnlicheren Stil (**11**, Eichenschrank mit Elfenbeininkrustation, signiert Sluyterman, Sammlung Frans Leidelmeijer). Einer ihrer Vertreter, C. J. Blaauw, konzipierte Möbel mit einer für ihn typischen geometrischen Klarheit (**10**, Sessel, id.).

Das Rijksmuseum zeigt einige Schätze der holländischen Tischlereikunst, wie dieses Jugendstilwohnzimmer **(8)**, 1909 von Theo Nieuwenhuis (1866–1951) entworfen, der sich vor allem von östlichen Kulturen inspirieren ließ. Hochwertige Exemplare des Kunsthandwerks, so wie diese außergewöhnliche Drehorgel von Perlee **(7)**, erzielen heute bei Versteigerungen von Sotheby's astronomische Summen.

10

11

12

13

Adressen

Wo findet man ein Zimmer am Grachtenufer? In welchem Café läßt sich ein Frühstück in der Sonne einnehmen? Wo kauft man den besten Käse? Wo findet man Delfter Porzellan? Wo kann man ein Hausboot mieten, wenn man auf dem Wasser wohnen will? Wo sucht man sich die besten Zwiebeln alter Tulpenarten aus? Hier die richtigen Adressen für Stadt und Umland.

Beim Zusammenstellen der folgenden Adressen waren maßgeblich die Amsterdamer beteiligt, die uns durch die Stadt geführt und uns so manche Tür geöffnet haben. Einige Adressen sind sehr bekannt, andere weniger. Selbstverständlich sind hier alle auf den vorangehenden Seiten erwähnten oder abgebildeten Hotels, Restaurants, Cafés usw. aufgeführt, darüber hinaus aber noch viele andere, die wir besichtigt haben. Wir haben uns entschlossen, nur kleine, intime Museen anzugeben, solche, die einmal Privathäuser waren und ihren ganz individuellen Charme bewahrt haben, und solche, in denen es besondere Schmuckstücke des holländischen Kunstgewerbes zu entdecken gibt.

Die Adressen sind nach Rubriken geordnet. Wir haben zwar die *eetcafés* herausgehoben, doch man kann in fast jedem modernen oder traditionellen Café oder Lokal leichte Gerichte bestellen. Die Restaurants servieren in der Regel ab 18 Uhr. Für ein Festmahl bieten die privaten Traiteure eine wirklich ungewöhnlich intime Atmosphäre.

Fast alle Adressen befinden sich in Amsterdam, deshalb ist nur bei Adressen außerhalb Amsterdams der Ort gesondert aufgeführt.

Zum leichteren Auffinden der Adressen in den verschiedenen Stadtteilen (Altstadt, Grachtenviertel, Jordaan usw.) ziehen Sie bitte die Karten auf Seite 244–245 zu Rate.

Um von Deutschland aus in Amsterdam anzurufen, wählen Sie 00 31 20, danach die angegebene Nummer.

Wenn Sie in Amsterdam telefonieren, fallen Vorwahl und die erste Ziffer weg. Bei den Telefonnummern der Adressen außerhalb Amsterdams wählen Sie von Deutschland aus die 00 31 vor, in Holland lediglich eine 0.

HOTELS

Agora
Singel 462
Tel.: 627 22 00
In zentraler Lage nahe dem Blumenmarkt. Die Besitzer dieses Hotels bereiten einen liebenswürdigen Empfang. Sehr vernünftige Preise.

Ambassade
Herengracht 335–353
Tel.: 626 23 33
Eines der schönsten Hotels der Stadt. Der Hotelkomplex besteht aus zehn historischen Grachtenhäusern, die an Amsterdams vornehmster Gracht, der Herengracht, stehen. Ein Haus, das gerne von Japanern, Amerikanern und Schriftstellern besucht wird. Die 52 Zimmer sind alle verschieden eingerichtet, und die Skala reicht von schlicht bis elegant. Die schönsten Zimmer liegen in den oberen Etagen und haben imposante Dachkonstruktionen, jene zur Vorderseite bieten eine Aussicht auf die Herengracht. Das Frühstück wird im schönsten Raum des Hotels serviert.

Amstel
Professor Tulpplein 1
Tel.: 622 60 60
Majestätisch thront das Grand-Hotel an der Amstel und ist Vorbild für Luxus, Prunk und Dekadenz. Die Vorteile des angebotenen Luxus in diesem 1867 erbauten und 1992 vollständig renovierten Palais liegen auf der Hand: Verbindung per Limousine zum Flughafen Schiphol, ein Boot steht zur Verfügung der Gäste, Sauna, Türkisches Bad, Swimmingpool, Seidenbettwäsche, Fernsehen (auch im Badezimmer). Das Hotel für VIPs und Jet-Set.

Het Canal House
Keizersgracht 148
Tel.: 622 51 82
Das amerikanische Ehepaar Len und Jane Irwin, die Besitzer dieses Hotels, wissen, was den Reiz eines Hotels ausmacht. In diesem Patrizierhaus schaffen antike Möbel, ein Klavier, Kristalleuchter und Spitzen eine intime, freundliche, etwas plüschige Atmosphäre. Alle Zimmer liegen gleich gut, die einen zur Keizersgracht hin, die anderen zu einem wunderbaren Garten.

De l'Europe
Nieuwe Doelenstraat 2–8
Tel.: 623 48 36
In diesem luxuriösen Hotel ist es den Betreibern gelungen, den Charme und die Eleganz seiner Anfänge zu bewahren (es wurde 1895 gebaut). Die Zimmer haben Balkons zur Amstel hinaus. Auf einer gemütlichen Terrasse läßt sich am Ufer ein Gläschen genießen. Sein Restaurant, das Excelsior, führt einen Stern im Guide Michelin.

De Filosoof
Anna van de Vondelstraat 4–6
Tel.: 683 30 13
Wenn man die unauffällige Tür unweit des Vondelparks aufstößt, betritt man eine andere Welt: ein Hotel für Denker. Jedes der 25 Zimmer ist nach einem anderen philosophischen Grundgedanken eingerichtet. Das Hotel liegt in einer ruhigen Seitenstraße.

The Grand
Oudezijds Voorburgwal 197
Tel.: 555 31 11
Im 14. Jahrhundert Kloster, im 16. Prinzenpalast, im 17. Amtssitz der Admiralität und im 19. Rathaus, ist dieses Musterstück Amsterdamer Architektur für sich allein schon eine Reise wert. Der Hotel- und Küchenkönig Albert Roux, der als Franzose in London an der Themse berühmte Restaurants besitzt, hat die Geschicke dieses großartigen Gebäudes in die Hand genommen. The Grand bietet den Service eines Luxushotels. Die angenehmsten Zimmer liegen zum Oudezijds Voorburgwal. Die Salons mit historischer Ausstattung sind sehenswert.

Pulitzer
Prinsengracht 315–331
Tel.: 523 52 35
Eröffnet wurde es vom Urenkel des Pressemagnaten, der den nach ihm benannten Pulitzer-Preis stiftete. Dieses luxuriöse Hotel nimmt den ganzen Häuserblock ein, der zwischen Prinsengracht und Keizersgracht liegt. Trotz der Modernisierungen hat es seinen Reiz behalten, vor allem dank seines Innengartens, in dem bei Sonnenschein auch serviert wird. Ein Komplex, der aus 24 Grachtenhäusern besteht. Kaum eines der 232 Zimmer gleicht dem anderen in der Ausstattung.

Toro
Koningslaan 64
Tel.: 673 72 23
Das am Rand des Vondelparks direkt am Wasser gelegene, ruhige Toro mit seinen 22 im ländlichen Stil eingerichteten Zimmern und einem Speisesaal mit Blick in den Park hat viele Stammgäste. Fragen Sie nach Zimmer Nr. 13. Miss Marple hätte sich in diesem Haus vom Anfang des Jahrhunderts mit seinen alten Möbeln zu Hause gefühlt.

Außerhalb von Amsterdam

De Fortuna
Spuistraat 3, Edam
Tel.: 0299/37 16 71
Romantisch in der historischen Kleinstadt gelegen. Eingerichtet im altholländischen Stil, sind die 26 Zimmer auf über fünf Häuser verteilt.

Spaander
Haven 15, Volendam
Tel.: 029/936 35 95
Eine ganz eigene Atmosphäre hat diese malerische Herberge im hübschen Fischerdorf Volendam mit einem seit dem 17. Jahrhundert unveränderten Brautzimmer und einer Bar mit vielen Gemälden. Am besten außerhalb der Saison aufzusuchen.

RESTAURANTS

Bark
Van Baerlestraat 120
Tel.: 675 02 10
Ausgerechnet in einer ehemaligen Metzgerei findet man eines der besseren Fischrestaurants von Amsterdam. Genau richtig, um nach einem Abend im Concertgebouw in Brasserie-Atmosphäre zu speisen. Muscheln, Schalentiere und originelle Fischgerichte.

De Blauwe Parade
Nieuwezijds Voorburgwal 178–180
Tel.: 624 00 47
Die Atmosphäre in dieser Dependance des eher touristischen Hotel-Restaurants Die Port van Cleve ist deutlich intimer. Viel von ihrem Charme verdankt sie dem wunderschönen, 1887 von Adolf Le Comte entworfenen Delfter Kachelband mit Kindermotiven. Holländische Küche.

Bordewijk
Noordermarkt 7
Tel.: 624 38 99
Dieses 1985 von Rob Eckardt dekorierte Restaurant der Amsterdamer Prominenz liegt mit seinen Möbeln von Gispen, einem holländischen Designer der 1930er Jahre, sehr im Trend. Es bietet eine kleine, sehr kreative Karte (nur abends). Spezialitäten: frischer Fisch und Wildbret. Zum Abschluß kann man statt des Kaffees sogar einen Verbenentee bestellen.

Café Amsterdam
Watertorenplein 6
Tel.: 682 26 66
Im ehemaligen 16 Meter hohen Maschinenhaus der Wasserwerke stehen weißgedeckte Tische mit rund 250 unterschiedlichen Stühlen dicht an dicht. Wer in Amsterdam dazugehören will, war bereits bei den drei Damen, die das Riesenlokal managen, zu Gast. Steaks mit schlappen Fritten, aber auch Hummer werden bis Mitternacht serviert.

Christophe
Leliegracht 46
Tel.: 625 08 07
Der Toulouser Gastronom ließ sein Restaurant von Paul van den Berg einrichten, einem der momentan begehrtesten Innenarchitekten der Stadt. Seine südfranzösische, erlesene Küche wird von einer ebenso exquisiten Weinkarte abgerundet. Nur abends geöffnet.

Cirelli
Oudezijdskolk 69
Tel.: 624 35 12
In einem alten Lagerhaus zwischen Bahnhof und Rotlichtbezirk verbirgt sich Amsterdams verrücktestes italienisches Restaurant: leuchtende Farben, Teller mit geometrischen Motiven, im Mittelpunkt ein Tisch des holländischen Bildhauers Alexander Schabracq, der auch die ausgefallenen Laternen und Bänke auf dem Nieuwmarkt entwarf. Frische Pasta mit Produkten der Saison. Reservierung unbedingt erforderlich. Nur Abendessen.

Le Garage
Ruysdaelstraat 54, 56
Tel.: 679 71 76
Modernes, elegantes Lokal, eingerichtet in einer alten Garage von Cees Dam, einem der Architekten der Stopera. Die Karte ist klein, aber erlesen und bietet ein Diätmenü. Nur Abendessen.

De Gouden Reael
Zandhoek 14
Tel.: 623 38 83
Dieses am Ende des von sehr schönen Häusern aus dem 17. Jahrhundert gesäumten Kais gelegene Lokal zählt zu Amsterdams charmantesten. Der frankophile Chef bietet kleine französische Regionalgerichte an. Am Haus, das auch aus dem 17. Jahrhundert stammt, befindet sich eine alte Klappbrücke.

Grand Café 1e Klas
Stationsplein 15, Gleis 2B
Tel.: 625 01 31
Wie die Pariser Gare de Lyon mit dem Train Bleu bietet der Amsterdamer Bahnhof mit seinem Grand Café ein großartiges Dekor aus dem Fin de siècle. Der Salon der vier Jahreszeiten ist ein sehr hübscher, getäfelter Speisesaal, dekoriert mit Blumenornamenten. Hier kann man sich auch nur zu einem Bier oder Kaffee treffen. Täglich geöffnet. Frühstück, Mittag- und Abendessen. Klassische Küche mit einigen traditionellen Gerichten. Der königliche Wartesaal nebenan ist mit seinem schönen Gitterwerk einen Blick wert, wenn auch der Zutritt strikt der Monarchin vorbehalten bleibt.

Indonesia
Korte Leidsedwarsstraat 18
Tel.: 623 20 35
In Den Haag gibt es zwar die besten indonesischen Restaurants, aber auch das elegante Indonesia ist eine gute Adresse. Vor allem wenn es um die indonesischen Reistafeln geht. Die *Satés, Babi, Ayam, Kambing* oder die *Ikan pepesang* (würzige Makrele) sind lecker. Auffallend die Weinkarte mit ihrer guten Auswahl an deutschen Weißweinen. Der Kenner trinkt Tee.

Kantijl en de Tijger
Spuistraat 191–193
Tel.: 620 09 94
Mitten im Amsterdamer Zentrum, gegenüber dem berühmten Café Hoppe, bietet der Stadt schönstes indonesisches Restaurant scharf gewürzte Küche in Art-déco-Ambiente. Ein Raum ist Nichtrauchern vorbehalten.

Keyzers Bodega
Van Baerlestraat 96
Tel.: 671 14 41
Der bevorzugte Treffpunkt der Musiker vom Concertgebouw zählt zu den wenigen Lokalen, in denen man Räucheraal aus dem IJsselmeer essen und ein sehr typisches Dessert mit flambierten Kirschen bestellen kann. Reservierung erforderlich.

Kobe
N.Z. Voorburgwal 85
Tel.: 620 53 11
Teppan Yaki, in der Gerichte à la minute zubereitet werden, und *Sushi*-Bar. Die Qualität der *Sushi* und *Sashimi* ist gut, die Auswahl variationsreich mit Thunfisch, Lachs, Makrele, Krebs, Tintenfisch, die Atmosphäre kühl.

Kort
Amstelveld 12
Tel.: 626 11 99
Jim Kort hat sein neues Restaurant in einer außergewöhnlichen Umgebung aufgemacht: im Keller der ältesten Amsterdamer Holzkirche. Michel van Tongeren hat für die ein wenig kühl wirkende postmoderne Ausstattung gesorgt. Die leichte Küche ist hervorragend. Bei schönem Wetter sollte man lange im voraus reservieren, um einen Platz draußen, unter den Nußbäumen, zu bekommen.

Lotus
Binnen Bantammerstraat 5–7
Tel.: 624 26 14
In einer Seitenstraße des chinesischen Viertels am Nieuwmarkt steht das traditionsreiche Restaurant. Man sitzt bequem in hohen lackierten Stühlen und unter Lampignons. Eine Spezialität ist die echte Haifischsuppe und *Tipan hoi sin tjap kum*, eine heiße Schale mit Meeresfrüchten gefüllt und übergossen mit einer scharfen *Szechuan*-Sauce. Dazu schmeckt am besten der echte *Oolong*-Tee.

Lucius
Spuistraat 247
Tel.: 624 18 31
In diesem charmanten Restaurant, das nur abends geöffnet hat, werden die frisch zubereiteten Spezialitäten, Meeresfrüchte, Muscheln, Scholle und Fischsuppen, täglich auf einer Tafel angepriesen. Hier ist es laut, aber gesellig.

De Oesterbar
Leidseplein 10
Tel.: 626 34 63
In diesem kleinen Restaurant erinnert alles, vom Namen bis zur Ausstattung, an Fische und Meeresfrüchte, die Spezialität des Hauses. Hier kann man in der Saison die berühmten Zeeländer Austern schlürfen und an der Bar Krabben und Aal essen. Am angenehmsten sind die Tische im Erdgeschoß.

The Pancake Bakery
Prinsengracht 191
Tel.: 625 13 33
Für eine gute und preiswerte Mahlzeit. Die Karte bietet mehr als 40 Crêpesorten, herzhaft oder süß! Einige Mischungen, etwa Käse und Ingwer, sind typisch holländisch. Wenn das Wetter mitspielt, werden Tische am Grachtenufer aufgestellt.

Pheun Thai
Binnen Bantammerstraat 11
Tel.: 427 45 37
Thailändische Restaurants sind inzwischen populärer als chinesische. Die Karte in diesem einfachen Restaurant ist recht umfangreich, die Speisen sind nicht teuer. Etwa *Keng mas sa man neua,* Beafsteak mit Curry, oder *Pla phad phed noh mai,* Fischfilet mit einer Currysauce – dazu schmeckt Thais *Singha*-Bier.

De Portugees
Zeedijk 39a
Tel.: 427 20 05
In der Altstadt am bekannten Zeedijk strahlt in einem historischen Haus mit hohen Räumen dieser Portugiese quirlige Gemütlichkeit aus. Chef Quim de Silva sorgt für einen liebenswürdigen und schnellen Service. Es riecht nicht nur verführerisch, sondern es schmeckt auch so, vor allem geschmorte Ziege.

De Roode Leeuw
Damrak 93–94
Tel.: 624 96 83
Obwohl diese traditionelle Wirtschaft am lärmenden Damrak liegt, geht es drinnen völlig ruhig zu. Holländische Spezialitäten. In der Saison Spargel in allen erdenklichen Variationen.

Selecta
Vijzelstraat 26
Tel.: 624 88 94
Bei diesem Indonesier ißt man köstlich und raffiniert zu sehr vernünftigen Preisen. Die prompte, freundliche Bedienung macht dieses vorzügliche Restaurant zu einer Adresse, die man nicht auslassen sollte.

Sichuan Food
Reguliersdwarsstraat 35
Tel.: 626 93 27
Wer gerne chinesisch ißt, darf Amsterdam nicht verlassen, ohne ein Abendessen im Sichuan einzunehmen. Man sollte den Chef um die Zusammenstellung des Menüs bitten. Die Dekoration ist dieselbe wie bei jedem Edelchinesen in New York, London oder Paris, aber das Essen ist besser, einfach fabelhaft (die Preise übrigens auch).

Sluizer
Utrechtsestraat 41–45
Tel.: 622 63 76 (Fleisch)
626 35 57 (Fisch)

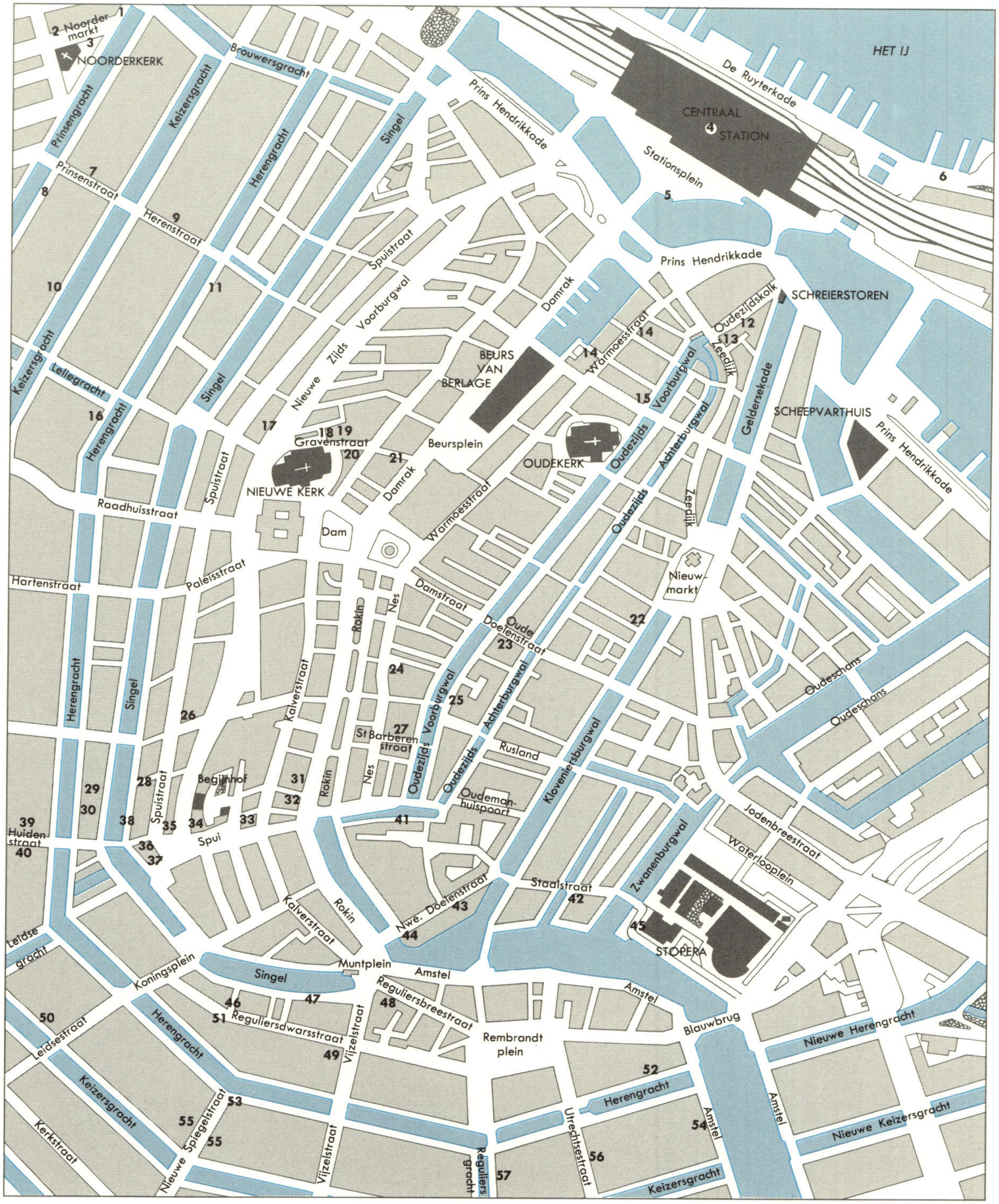

1. Papeneiland
2. Bordewijk
3. Lorreinen
4. Grand Café 1e Klas
5. VVV
6. De Zeilvaart
7. De Klepel
8. Pancake Bakery
9. Riviera
10. Canal House
11. Sauna Déco
12. Cirelli
13. Int Aepjen
14. Geels & Co./Wijs & Zonen
15. Amstelkring
16. Theater-museum
17. De Blauwe Parade
18. Henri Bloem's
19. De drie Fleschjes
20. De Pilserij
21. De Roode Leeuw
22. Jacob Hooy
23. Haring Huis
24. Frascati
25. The Grand
26. Lucius
27. De Blincker
28. d' Vijff Vlieghen
29. Admiraal
30. Ambassade
31. Hajenius
32. Sotheby's
33. Caffe Esprit
34. Athenaeum
35. Kantijl en de Tijger
36. Hoppe
37. Luxembourg
38. Jorge Cohen
39. Pompadour
40. Binnenhuis
41. Crea
42. Tom Yam
43. De Jaren
44. De l' Europe
45. Dantzig
46. Sichuan Food
47. Agora/ Blumenmarkt
48. Tuschinski
49. Selecta
50. Walem/Metz
51. Het Tuynhuis
52. Willet-Holthuizen
53. Katten Kabinet
54. Six
55. Antiquitäten-geschäfte
56. Sluizer
57. Hooghoudt
58. Gouden Reael
59. Beune
60. Pier 10
61. Koevoet
62. Nol
63. 't Smalle
64. De Prins
65. Christophe
66. Architectura & Natura
67. Speciaal
68. Keyzers Bodega
69. Kalkhoven
70. Pulitzer
71. Van Puffelen
72. Barbara Farber
73. De Druif
74. Amsterdam Antiks
75. Vakbonds
76. Gerda/ Cilubang/ Tout court
77. Het Molenpad
78. Berkhoff
79. De Oesterbar/ Café Americain
80. Het Hok
81. Van Loon
82. Couzijn Simon
83. Continental
84. Multi Vlaai
85. Kort
86. Jaap Polak
87. Stodel Decor
88. Maison Descartes
89. Piet de Leeuw
90. Holtkamp
91. Rodrigues
92. Hart's Wijn-handel
93. Vertigo
94. Hollandse Manege
95. Oldenburg
96. Amstel
97. Keyzer
98. Bark
99. Van Baerle
100. Toro
101. Le Garage
102. Wildschut
103. Cinetol

Alkmaar
NOORDZEE
Limmen
IJSSELMEER
Purmerend
Edam
Volendam
Velsen
Zaan
Zaanse Schans
Zaandijk
Ilpendam
Marken
Monnickendam
IJmuiden
Landsmeer
Broek in Waterland
Bloemendaal
Overveen
AMSTERDAM
Zandvoort
Haarlem
Muiderslot
Heemstede
Muiden
Amstelveen
Ouderkerk
Weesp
Bussum
Keukenhof
Aalsmeer
Laren
Lisse
Amstel
Vecht
's-Graveland
Vinkeveen
Kortenhoef
Loenen
Sypesteyn
Nieuwersluis
Oud-Loosdrecht
Oegstgeest
Breukelen
Leiden
Maarssen
Utrecht
AMSTERDAMSE SCHOOL
Spaarndammerstraat
HET IJ
IJHAVEN
58
Zandhoek
Prinseneiland
Nassaukade
59
Haarlemmerdijk
Brouwersgracht
60
Lindengracht
61
Westerstraat
62
63
Egelantiersgr.
65
64
66
67
Nieuwe Leliestraat
68
WESTERKERK
Bloemgracht
Bloemstraat
69
Rozengracht
70
Rozenstraat
Lauriersstraat
Lauriergracht
71
72
Elandsstraat
Prinsengracht
Keizersgracht
Lijnbaansgracht
74
Elandsgracht
Looiersgracht
Runstraat
76
77
Dam
Nieuwmarkt
Spui
73
Rapenburgerplein
75
Henri Polaklaan
Leidsegracht
Lange Leidsedwarsstr.
78
79
Leidseplein
80
83
81
Kerkstraat
82
Spiegelgracht
84
88
89
86
87
Vijzelgracht
Noorderstr.
91
90
92
Lijnbaansgracht
Reguliersgracht
AMSTELVELD
85
Prinsengracht
Nieuwe Kerkstraat
Nieuwe Prinsengracht
Amstel
Frederiksplein
Prof. Tulpplein
96
OOSTERPARK
Einsteinweg
REMBRANDTPARK
94
93
Vondelstraat
FILM MUSEUM
95
Overtoom
P.C. Hooftstraat
RIJKSMUSEUM
VAN GOGH MUSEUM
STEDELIJK MUSEUM
Stadhouderskade
VONDELPARK
97
Van Baerlestraat
98
99
100
Hobbemakade
101
Ruysdaelstraat
102
Roelof Hartplein
Albert Cuypstraat
SARPHATIPARK
103
Tolstraat
AMSTERDAMSE SCHOOL
Rijnstraat
BEATRIXPARK

Das Restaurant besteht aus zwei Häusern. Im einen gibt es Fisch in imitiertem Art-déco-Ambiente; im andern gibt es holländische Küche und Fleischgerichte in sympathischer Bistro-Atmosphäre.

Speciaal
Nieuwe Leliestraat 142
Tel.: 6249706
Das in einer Gasse im Jordaan gelegene Lokal macht mit seinen Bambuswänden und Ventilatoren nicht viel her. Dennoch gehört es zu den besten Indonesiern, geschätzt wegen seiner originalen und reichhaltigen Gerichte. Nur abends geöffnet.

Tom Yam
Staalstraat 22
Tel.: 6229533
Eine angenehme Überraschung – das hübsche thailändische Restaurant, das die Nachfolge des Lokals Rietveld neben der Stopera angetreten hat, gehört zu den besten der Stadt. Nur Abendessen.

Tout Court
Runstraat 13
Tel.: 6258637
Dieses exzellente Restaurant bietet in einer Atmosphäre von eleganter Einfachheit französische Küche. Neben den Gerichten à la carte empfiehlt John Fagel seinen Gästen darüber hinaus fünf köstliche und ausgewogene Menüs. Das Restaurant ist sehr klein und immer gut besucht. Reservierung erforderlich.

Het Tuynhuis
Reguliersdwarsstraat 28
Tel.: 6276603
Der Besitzer dieses Restaurants hat ein altes *koetshuis* von Kees Hageman, dem berühmten Fotografen und Designer, umbauen und einrichten lassen. Mit seinen einfallsreichen Gerichten zählt es zu den besten Adressen der Stadt. Im Sommer diniert man im Garten zum Klang einer Querflöte, die ein Schüler des Den Haager Konservatoriums spielt. Nur Abendessen.

Van Baerle
Van Baerlestraat 158
Tel.: 6791532
Neben dem Concertgebouw haben zwei Stewardessen dieses Restaurant eröffnet, das ein bevorzugter Treffpunkt von Journalisten geworden ist. Im Sommer kann man die hausgemachten Suppen und orientalischen Salate im Garten verzehren. Sonntags Brunch.

Vasso
Rozenboomsteg 12–14
Tel.: 6260158
In einer kleinen Gasse, einen Steinwurf vom Spui entfernt, kocht Vasso, der griechische Chef, italienische Gerichte. Ein charmantes Lokal mit Holztischen, gelb und rosa gestrichenen Wänden und einsehbarer Küche. Vasso verwendet einfache Zutaten. Ein Laden im Untergeschoß bietet eine Auswahl davon zum Mitnehmen an.

d'Vijff Vlieghen
Spuistraat 294–302
Tel.: 6248369
Dieses Labyrinth, entstanden durch die Zusammenlegung mehrerer Häuser aus dem 17. Jahrhundert, deren Dekor weitestgehend erhalten wurde, ist echte Attraktion. Die Gästebücher werden seit 1939 aufbewahrt, und darin findet sich alles, was in unserem Jahrhundert Rang und Namen hat, von Marilyn Monroe über Eisenhower und Churchill bis Cocteau. Die originellen Gerichte werden ausschließlich aus holländischen Erzeugnissen zubereitet: Die Küche kocht so launisch, wie es der Himmel über Amsterdam ist. Dafür sitzt man aber mit anderen Ausländern wie in einem Museum mit antiken Möbeln und Original-Radierungen. Besonders stolz ist das Haus auf seine gut gefüllte Geneverbar, die (fast) alle Wünsche erfüllt.

Außerhalb von Amsterdam

De Beukenhof
Terweeweg 2–4, Oegstgeest
Tel.: 071/5173188
Das in der Nähe von Leiden 30 km südöstlich von Amsterdam gelegene Restaurant ist berühmt für seinen Garten. Führt einen Stern im Guide Michelin.

Bokkedoorns
Zeeweg 53, Overveen
Tel.: 023/5263600
Man speist in zauberhafter Lage an einem See, auf dem im Winter Schlittschuhläufer ihre Kreise ziehen, unweit vom Meer und von Dünen umgeben. Der junge Chef verarbeitet einheimische Produkte. Exquisite französische Küche. Wechselnde Karte. Beeindruckendes Weinsortiment. Das Bokkedoorns ist einer der vier exklusiven niederländischen Gastrotempel, dem zwei Michelin-Sterne verliehen wurden.

Bontekoe
Nieuwendam 1, Hoorn
Tel.: 0229/217324
Mittag- und Abendessen in einem ehemaligen Lagerhaus der Ostindischen Compagnie aus dem 17. Jahrhundert. Französische Küche.

De Doelen
Sluis 1, Muiden
Tel.: 0294/263200
In einer alten Herberge aus dem Jahre 1812 hat gegenüber den Schleusen von Muiden ein gemütliches, gutes Restaurant eröffnet. Im Sommer kann man unter Linden zu Mittag essen und dabei die Schiffe vorbeiziehen sehen.

De Hoop op d'Swarte Walvis
Kalverringdijk 15, Zaanse Schans
Tel.: 075/6165629
Der Name »Warten auf den schwarzen Walfisch« erinnert daran, daß ein Teil der Gebäude im 18. Jahrhundert als Bootsschuppen für den Walfang diente. Ein elegantes Restaurant. Im Sommer kann man sich am Flußufer in einen alten Rosengarten setzen. Die feine Karte führt vorwiegend einheimische Speisen: Texeler Lamm und ein schmackhaftes Dessert, eine Mousse mit Johannisbeerensorbet. Die Bar ist ein zauberhafter Platz, um den Sonnenuntergang über dem Fluß zu genießen.

Imko's
Halkade 9c, Ijmuiden
Tel.: 0255/517526
Das Fischrestaurant im Fischereihafen. Es gibt Austern und Seezunge und als Spezialität Salat niçoise mit rohem Thunfisch.

Neeltje Pater
Dorpsstraat 4,
Broek in Waterland
Tel.: 020/4033311
Das Neeltje Pater ist in einem der schönsten Dörfer Hollands gelegen, eine Viertelstunde vom Amsterdamer Zentrum entfernt, mit einem Garten direkt am Wasser. Französische Küche. Englische Tees mit *scones* und *muffins* bei schönem Wetter auf der Terrasse. Das Dorf ist wegen seiner Holzhäuser ein berühmtes Ausflugsziel.

L'Oasis de la Digue
De Hulk 16, Hoorn
Tel.: 0229/553344
Feine französische Küche, serviert in einem ehemaligen Wasserwerk am IJsselmeer.

Ome Ko
Herengracht 71, Muiden
Tel.: 0294/621330
Tischläufer, Klavier und Billard bilden den Rahmen dieses Lokals, das den entlang der Vecht kommenden Radfahrern aus Amsterdam ab sechs Uhr früh *gehakte ballen* (Frikadellen) serviert.

De Oude Smidse
Achterdijk 2,
Ouderkerk aan de Amstel
Tel.: 020/4961262
In einer ehemaligen Hufschmiede aus dem 17. Jahrhundert ist dieses gutbürgerliche Restaurant untergebracht. Im Sommer ißt man direkt am Wasser vor einer malerischen Holzbrücke.

Klein Paardenburg
Amstelzijde 59,
Ouderkerk aan de Amstel
Tel.: 020/4961210
Als Nachkomme einer Familie von Restaurateuren hat Antoine Fagel an den Ufern der Amstel in einem der ältesten *eetcafés* von Ouderkerk sein Lokal eröffnet. Vorzügliche französische Küche. Im Sommer sitzt man in einem verglasten Anbau zum Fluß hin.

Die Port van Cleve
Dijk 74–78, Enkhuizen
Tel.: 0228/312510
Nette Brasserie in einem historischen Gebäude aus dem Jahre 1540, in dem einst deutsche Kaufleute verkehrten. Nach altem holländischem Brauch liegen auf den Tischen kleine Teppiche.

Vriens
Oud Over 13–19, Loenen
Tel.: 0294/231286
Café-Restaurant am Vechtufer. Hier bekommt man holländische Spezialitäten, zum Beispiel Aal in grüner Soße und Ingwercrêpes.

CAFÉS

De Blincker
St. Barberenstraat 7–9
Tel.: 6271938
High-Tech-Design und Wintergartenatmosphäre in diesem Café, das sich in einer Gasse nahe dem Theater Frascati verbirgt.

Crea
Turfdraagsterpad 17
Tel.: 6273890

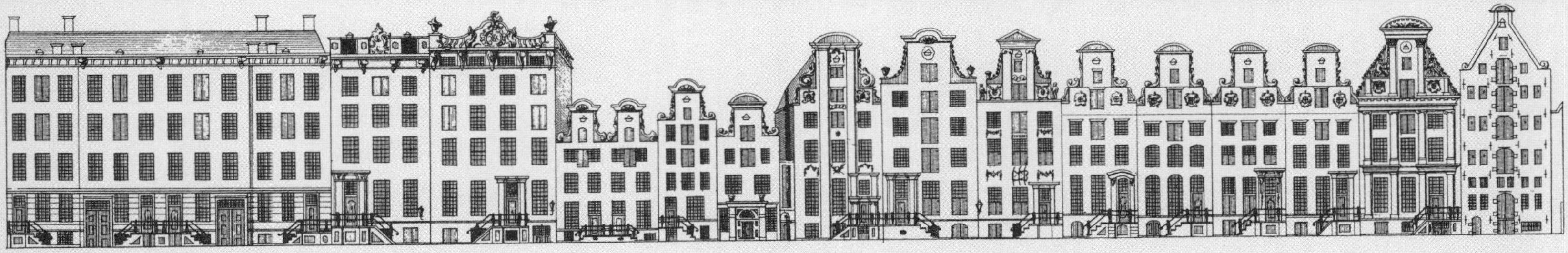

Studentencafé in der Nähe der Uni. Moderne Einrichtung, Tische am Wasser mit Blick auf die »drei Grachten« der Altstadt.

De Druif
Rapenburgerplein 10
Tel.: 6244530
Die Fassade dieses *bruine kroeg* in der Nähe einer Schleuse, abseits der Touristenpfade im alten Hafenviertel gelegen, trägt eine Inschrift sowie die Jahreszahl 1636. Im Keller verbirgt sich eine stillgelegte Brennerei. Hier spielt man das Kartenspiel *klaverjassen*.

De Engelbewaarder
Kloveniersburgwal 59
Tel.: 6253772
Dieses gemütliche Café war früher einer der beliebtesten Treffpunkte der Amsterdamer Literaturszene und hat sich bis heute seinen Ruf als literarisches Café bewahrt. Freundliche, ungezwungene Atmosphäre, Sonntag nachmittags Jazz-Konzerte.

Het Hok
Lange Leidsedwarsstraat 134
Tel.: 6243133
Jeden Morgen um neun öffnet dieses weniger bekannte Café. Hier treffen sich Schach-, Dame- und Backgammonspieler abseits vom touristischen Treiben auf dem Leidseplein nebenan.

Hoppe
Spui 18–20
Tel.: 4204420
Das Haus stammt aus dem Jahre 1670. Das schlauchartige Lokal gehört zu Amsterdams bekanntesten. Nach Büroschluß strömen die Gäste herbei, um sich auf der Terrasse unter den Sonnenschirmen niederzulassen. Ein Glas Genever zu ergattern ist dann schon ein Ereignis! Auf dem Fußboden liegt nach alter Sitte feiner Sand.

Int Aepjen
Zeedijk 1
Tel.: 6268401
Das »Café der Seltsamkeiten«, wie es auch heißt, befindet sich im ältesten, 1478 erbauten Holzhaus der Stadt. Dieses Lokal war früher eine Herberge. Eines Tages ließ ein Seemann, dem das Geld ausgegangen war, seinen Affen als Bezahlung zurück, und so entstand der Name »Äffchen«.

Kalkhoven
Prinsengracht 283
Tel.: 6177864
Ein uriges Café, wenige Schritte vom Anne-Frank-Haus entfernt.

De Klepel
Prinsenstraat 22
Tel.: 6238244
Das kleine Lokal am Rand des Jordaan wird besonders von Jazzfans geschätzt. Wenn Cees Nooteboom in Amsterdam ist, versäumt er selten die ausgezeichneten Konzerte am Sonntagabend.

Het Melkmeisje
Zeedijk 19
Tel.: 6180026
Den Namen trägt es nach dem Giebel, worauf man ein unter dem Gewicht seiner Milchkannen gebeugtes Mädchen sieht. Die mit alten Drehorgeln ausgestatteten Räumlichkeiten und die Terrasse des Lokals liegen zu einer Schleuse hin.

Nol
Westerstraat 109
Tel.: 6245380
In diesem Café im Jordaan hat sich eine alte Tradition aufrechterhalten: Die Bewohner des Viertels singen ungezwungen in dem gemütlichen, altertümlich wirkenden Salon ihre Lieder.

Papeneiland
Prinsengracht 4
Tel.: 6241989
Der erste Eigentümer aus dem Jahre 1641 lebte ursprünglich vom Bau und Verkauf von Särgen, da er sich jedoch gleich neben dem Kanal der Bierbrauer befand, entschloß er sich, auch eine Kneipe aufzumachen, und stellte rasch fest, daß dieses Geschäft weit einträglicher war als das erste. Mit seinem großen alten Ofen aus Gußeisen ist es eines der sympathischsten Lokale von Amsterdam.

De Pilserij
Gravenstraat 10
Tel.: 6250014
Dieser neben dem berühmten *proeflokaal* De drie Fleschjes gelegene *bruine kroeg* ist am Spätnachmittag besonders belebt. Hier serviert man die traditionelle Erbsensuppe.

Scheltema
Nieuwezijds Voorburgwal 242
Tel.: 6232323
Früher pflegten sich hier viele Journalisten zu treffen, wovon noch heute ein Tisch mit ihren eingeritzten Namen kündet. Nebenher gibt es Kroketten und Frikadellen.

Walem
Keizersgracht 449
Tel.: 6253544
Eines der ersten Designercafés der Stadt und immer noch in Mode. Wunderbar für ein Frühstück auf der Terrasse am Grachtenufer oder im kleinen Garten mit altem Pavillon.

EETCAFÉS

Café Americain
Leidseplein 28–30
Tel.: 6245322
Der Charme des American Hotel, Anfang des Jahrhunderts von dem Architekten Kromhout entworfen, ist verblichen, das Café aber ist eine von Amsterdams ersten Adressen für ein gutes Frühstück oder eine Tasse Tee in authentischem Interieur.

Caffe Esprit
Spui 10
Tel.: 6221967
High-Tech-Inneneinrichtung aus Glas und Metall, durchgestylt von dem italienischen Architekten Antonio Citterio. Vorwiegend für Yuppies. Bei schönem Wetter kann man Salate, Pizzas und Tagesgerichte auch draußen auf dem schönen Platz zu sich nehmen.

Dantzig
Zwanenburgwal 15
Tel.: 6209039
Ein vielbesuchter Treff im Gebäudekomplex der Stopera. Was in Amsterdam Rang und Namen hat, trifft sich hier an den Premiereabenden. Große Terrasse im Sommer und kleine Speisekarte. Der traditionelle Lektüretisch wurde durch eine Bücherecke ersetzt.

Frascati
Nes 59
Tel.: 6241324
In diesem sympathischen Café in einem Gäßchen hinter dem Rokin treffen sich Schauspieler und Besucher des gleichnamigen Theaters. Kleine Küche bis Mitternacht.

De Jaren
Nieuwe Doelenstraat 20, 22
Tel.: 6255771
Das schönste unter den modernen großen Cafés. Liegt gleich neben der Universität. Hier verkehrt die Amsterdamer Schickeria. Bietet eine Terrasse zur Amstel. Besonders »in« ist es, dort mit dem Boot anzulegen. Das Restaurant im Obergeschoß hat eine eigene Terrasse.

Luxembourg
Spui 22–24
Tel.: 6206264
Dieses sehr große, kürzlich eröffnete Café mit seinem an die 1930er Jahre angelehnten Dekor ist am Spätnachmittag ebenso gut besucht wie sein Nachbar, das Hoppe. Lektüretisch mit der wichtigsten einheimischen und internationalen Tagespresse. Ruhiger sind die Tische hinten im Saal, mit Blick auf den Kanal. Kleine Küche, nette Bedienung, auch zu den belebten Zeiten.

Metz
Keizersgracht 455
Tel.: 5207020
Um unter der Kuppel des Kaufhauses Metz – einem Bau von Gerrit Rietveld, was in der Innenausstattung leider nicht mehr zu erkennen ist – einen »Metzburger« oder einen Toast mit geräuchertem Lachs zu genießen, sollte man sich einen sonnigen Tag aussuchen. Der Panoramablick über das Grachtenviertel lohnt sich.

Het Molenpad
Prinsengracht 653
Tel.: 6259680
Der Name dieses sehr beliebten *eetcafés* erinnert an den alten Mühlenweg. Man bestellt an der Bar. Auch vegetarische Kost.

De Prins
Prinsengracht 124
Tel.: 6249382
Das von Studenten gutbesuchte Café in einem Haus aus dem 18. Jahrhundert ist ein idealer Treff für einen holländischen Brunch. Man sollte das *ontbijtkoek* (Ingwerbrot) mit *oude kass* (altem Holländer) probieren, während man die hübsche Aussicht genießt.

Van Puffelen
Prinsengracht 377
Tel.: 6246270
In diesem belebten und sympathischen *eetcafé* bietet man köstliche kleine Gerichte an, Tendenz: Nouvelle cuisine. Im Sommer kann man auch in einem Boot Platz nehmen, das dort am Kai liegt.

't Smalle
Egelantiersgracht 12
Tel.: 6239617
Wunderschönes Café im Jordaan mit liebevoller Einrichtung. Das Haus mit seinen geschliffenen Fensterscheiben stammt aus dem Jahre 1780. Boote dürfen an der Terrasse anlegen. Besondere Spezialität: die beiden hausgemachten Liköre *Boerenjongens* und *Boerenmeisjes*.

Vertigo
Vondelpark 3
Tel.: 6123021
Am Ufer eines Sees im Vondelpark hat sich das Nederlands Filmmuseum einen 1881 von Hamer entworfenen großen Pavillon eingerichtet. Hier treffen sich Kinofreunde, um ein Glas zu trinken. Im Winter kann man im Keller, im Sommer auch auf den großen Terrassen hervorragend zu Mittag essen.

Wynand Fockink
Pijlsteeg 31
Tel.: 6392695
Mit 300 Jahren eine der ältesten Probierstuben der Stadt. Hier testet man gerne Genever. Angeschlossen sind ein Café und ein schöner Innenhofgarten hinter dem Krasnapolsky-Hotel.

Wildschut
Roelof Hartplein 1
Tel.: 6768220
Das in der Amsterdamer Südstadt gelegene Art-déco-Lokal, in dem man sich mit einem *uitsmijter*, einem *boerenomelette* oder einem Salat eine Freude machen kann, ist mit Kinosesseln und anderen Gegenständen aus einem Filmtheater der 1920er Jahre möbliert.

PROEFLOKALEN

De Admiraal
Herengracht 319
Tel.: 6254334
Ein langer Tresen, stapelweise Fässer unter dem hohen Gewölbe, Tische in Nischen und Licht von großen Kerzen gehören zum Ambiente in diesem *proeflokaal* im Jordaan, das zur Brennerei van Wees gehört. Deshalb ist auch die Auswahl an Genevern und Likören sehr groß. Ihre vielsagenden und schönen Namen verleiten zum Träumen und Probieren. Das Mittags- oder Abendmenü ist mit Kreide auf die Fässer geschrieben.

De drie Fleschjes
Gravenstraat 16
Tel.: 6248443
Das 1650 errichtete De drie Fleschjes (Die drei Fläschchen) in der schmalen Gravenstraat ist das schönste Amsterdamer *proeflokaal*. Hier verkehrt ein treues Publikum, vornehmlich Journalisten und Börsenmakler, die gewohnheitsgemäß ihre Mäntel an den Faßhähnen aufhängen, um sich dann hinten in den schönen, holzgetäfelten Saal zu setzen.

Hooghoudt
Reguliersgracht 11
Tel.: 4204041
Das *proeflokaal* im Erdgeschoß eines Lagerhauses aus dem 17. Jahrhundert begnügt sich nicht mit dem Ausschank, sondern bietet auch eine kleine Küche. Hinter dem (in Cafés weitverbreiteten, in *proeflokalen* jedoch seltenen) Lektüretisch sind an einer Wand Eichenfässer mit Genever, Cognac und Sherry gestapelt.

In de Wildeman
Kolksteeg 3
Tel.: 6230815
1690 ließ sich die Brennerei Levent & Co zwischen Bahnhof und Dam nieder. Der Nachwelt erhalten geblieben ist dieses wunderschöne *proeflokaal*, das mit seinen Holztäfelungen und seinem Fliesenboden eine einzigartige Atmosphäre bietet. Mehr als 150 Biersorten werden hier angeboten.

De Zote Proeflokaal
Raamstraat 29
Tel.: 6268694
Urige und sehr gemütliche Kneipe, die etwas versteckt am Rande des Jordaan liegt und von Touristen bisher noch nicht so stark überlaufen ist. Ein belgisches Lokal, das entsprechend der großen belgischen Biertradition über hundert verschiedene Biersorten ausschenkt. Überdies wird eine große Auswahl an Likören angeboten, und auch kleinere und größere Gerichte können bestellt werden.

Außerhalb von Amsterdam

In den Uiver
Riviervischmarkt 13, Haarlem
Tel.: 023/5325399
Das *proeflokaal* befindet sich in einer ehemaligen Fischhandlung am Hauptplatz von Haarlem. Die hintere Wand ziert ein prächtiges Mosaik aus dem 19. Jahrhundert. Die Stammgäste, darunter viele Musiker, Künstler, Studenten, sorgen für ein herzliches Klima.

PRIVATE TRAITEURE

Charlotte Bentinck
Keizersgracht 526
Tel.: 6220032
Die begeisterte Köchin Charlotte Bentinck hält in ihrem Haus an der Keizersgracht einen hinreißenden Speiseraum für die Veranstaltung großer Diners im Freundeskreis bereit (etwa 20 Personen, je nach Absprache). Selbstverständlich steht sie selbst am Herd, wenn sie ihre köstlichen Gerichte aus besten holländischen Erzeugnissen zubereitet. Eine wunderschöne Art, einen genußreichen Abend in einem Patrizierhaus an der Gracht zu verbringen.

La Cuisine française/Pat van den Wall Bake-Thompson
Herengracht 314
Tel.: 6278725
Sie kam aus Liebe nach Amsterdam, diese Engländerin, die bei Roger Vergé lernte, einen Holländer heiratete und als erste auf die Idee kam, Fest- oder Geschäftsessen bei sich zu Hause zu veranstalten. Sie gibt Kurse in französischer Küche, kann aber auch traditionelle Gerichte wie *boerenkool* oder *hutspot* zubereiten, die sie (nach Vereinbarung) im Speisezimmer, das zum Garten liegt, serviert.

Ship Chandlers Warehouse Kyra und Menko ten Cate
Geldersekade 8
Tel.: 6228133
In der einzigartigen Atmosphäre eines ehemaligen Schiffsbedarfslagers inszeniert das Ehepaar ten Cate Soireen. Der Chef ist Franzose, seine Desserts sind unvergeßlich! Die vom Kerzenschein erhellten Tische stehen längs der alten Ladentheke vor Kisten, Seilwaren, Fässern und anderem Zubehör, das für den wagemutigen Seefahrer des Goldenen Jahrhunderts einst unentbehrlich war. Für etwa 20 Personen (nach Vereinbarung).

KONDITOREIEN

Beune
Haarlemmerdijk 156
Tel.: 6248356
In Amsterdam gilt diese Konditorei in Hafennähe mit ihrer traditionellen Inneneinrichtung als eine der besten in der Stadt.

C. A. Holtkamp
Vijzelgracht 15
Tel.: 6248757
Holländische Kuchen und hausgemachte Schokoladen haben den Ruf dieser ausgezeichneten Konditorei in einer Straße mit lauter vorzüglichen Lebensmittelgeschäften begründet.

Lanskroon
Singel 385
Tel.: 6237743
Dank der kleinen Teestube in einer Ecke des Geschäfts kann man die anderswo nicht zu findenden Spezialitäten vor Ort probieren.

Multivlaai
Van Leijenberghlaan 212
Tel.: 6610018
Traditionelle *vlaai* (Torten), die täglich frisch aus Limburg kommen, zum Genuß an Ort und Stelle oder zum Mitnehmen. Mehr als 20 Sorten stehen zur Verfügung, die klassischen Reistorten runden das Programm ab.

Pompadour
Huidenstraat 12
Tel.: 6239554
Von den hausgemachten Schokoladen, Kuchen und Karamellen unter einem Bildnis von Madame Pompadour geht ein verheißungsvoller Duft aus. Auch Tee wird ausgeschenkt.

Puccini Bomboni
Staalstraat 19
Tel.: 6265474
Singel 184
Tel.: 4278341
Qualität hat seinen Preis. Die Pralinen und Bonbons (Singel: nur Geschäft), die bei Puccini hergestellt werden, zählen zu den leckersten der Stadt. Sie bestehen nur aus natürlichen Grundstoffen, und es gibt die Dickmacher in zahlreichen Geschmacksrichtungen, etwa Anis, Amaretto, Apfel, Cognac, Kaffee, Ingwer oder Himbeer. Es gibt natürlich auch Schokolade pur.

KÄSE

Geijs
Vijzelgracht 45
Tel.: 6231885
Liebenswürdig wird man Ihnen ein paar Sorten aus einer großen

Auswahl von Käse zum Probieren anbieten, darunter *boerenkaas* und alte Goudas, die dem Vergleich mit bestem Parmesan standhalten. Sandwichs mit ofenfrischem Brot.

Wegewijs
Rozengracht 32
Tel.: 6244093
Mehr als 100 holländische Käsesorten finden sich in diesem winzigen Laden. Nach dem Probieren und Aussuchen kann man sie sich auch zuschicken lassen. Manche Käse haben ihre spezielle Jahreszeit, so der bekannte feinzarte Maigouda, der nur von Mitte Juni bis Ende Juli erhältlich ist.

Wout Arxhoek
Damstraat 17
Tel.: 6229118
Dieser unscheinbare kleine Laden offeriert eine sehr gute Auswahl holländischer Käse. Der nette Inhaber bietet die verschiedenen Goudas zum Probieren an. Fragen Sie nach friesischem Gewürznelkenkäse, dem Leidener mit Kümmel oder dem löchrigen Maasdamer.

FISCH

Henriks Fishandel
Oude Doelenstraat 18
Tel.: 6221284
Amsterdams beste Fischhandlung verbirgt sich mitten im Rotlichtbezirk. Die Heringe von M. Hendricks sind die berühmtesten der ganzen Stadt. Eine der bevorzugten Adressen von Cees Nooteboom, der gern an einem der Tischchen in einer Ecke des Ladens von Aal, Scholle oder Fischsalat kostet.

Viscenter Volendam
Kinkerstraat 181
Tel.: 6187062
Dieses Geschäft ist etwas außerhalb gelegen, aber der Weg lohnt sich, denn es wird sehr guter frischer und geräucherter Fisch angeboten. Die Besitzer stammen aus Volendam, einem Fischerort nördlich von Amsterdam.

TEE UND KAFFEE

Geels & Co
Warmoesstraat 67
Tel.: 6240683
Bevor sie zum Zentrum des Rotlichtbezirks wurde, war die Warmoesstraat eine rege Geschäftsstraße. Der seit 125 Jahren von der Familie Geels geführte Laden bietet rund 100 verschiedene Tees, aber auch Kaffee und Kakao. Ein Laden mit unwiderstehlichem Duft und einem interessanten Museum im Obergeschoß, das man in jedem Fall besuchen sollte.

Homeopatheek de Munt
Vijzelstraat 1
Tel.: 6244533
Nein, es handelt sich nicht um eine Apotheke, sondern um einen sehr zentral gelegenen Laden, in dem man Tees, Kräutertees, Gewürze und *drops* (Lakritz) in großer Auswahl findet.

Keyzer's Koffie- und Theehandel
Prinsengracht 180
Tel.: 6240823
Am Rande des Stadtteils Jordaan, schöne traditionelle Tee- und Kaffeehandlung von 1839, die man gesehen haben sollte.

Wijs & Zonen
Warmoesstraat 102
Tel.: 6240436
Dieses 1828 eröffnete Geschäft ist seinen Traditionen treu geblieben und führt noch immer eine bemerkenswerte Auswahl an Tee und Kaffee. Jeden Freitag, nach altem Ritual, kommt der frühere Inhaber M. Hendriksen, um als Fachmann die neu eingetroffene Ware zu testen und zu begutachten. Wie das Wappen über der Tür angibt, ist Wijs & Zonen Hoflieferant.

ALKOHOLISCHES

De Bierkoning
Paleisstraat 125
Tel.: 6252336
750 verschiedene Biersorten aus aller Herren Länder zum Trinken oder Mitnehmen. Auch passende, zum Teil ausgefallene Biergläser aller Marken sind erhältlich.

Hart's Wijnhandel B.V.
Vijzelgracht 27
Tel.: 6238350
Eine hinreißende Art-déco-Einrichtung findet sich in diesem Geschäft und eine große Auswahl an Weinen, *advokaat* und Genevern sowie eine hervorragende Beratung. Hier bekommt man den Likör, den man zum Geburtstag verschenkt, oder den bitteren Orangenlikör, der nur am 30. April, anläßlich des Geburtstags der Königinmutter, getrunken wird.

Henri Bloem's
Gravenstraat 8
Tel.: 6230886
Dem Inhaber dieses ausgezeichneten Spirituosengeschäfts ist es eine besondere Freude, seine Kunden ausführlich zu beraten und ihnen den jeweiligen Charakter der holländischen Brände zu erklären, vom *bessenjenever* über den alten Genever bis zum *korenwijn*.

TABAK

Hajenius
Rokin 92–96
Tel.: 6237494
Der seit 1914 unveränderte Verkaufsraum ist so schön, daß ihm auch jeder Nichtraucher eine Besichtigung schuldig ist. Alle Einrichtungsgegenstände sind in Art déco, von den Schirmständern bis zum kleinsten Schemel. Hier findet man die besten Havannas, die seltensten Zigaretten sowie die langen traditionellen Goudaer Pfeifen.

BLUMEN

Gerda
Runstraat 16
Tel.: 6242912
Gerda van den Berg hat sich auf Bouquets im Art-déco-Stil spezialisiert: großblättrige Pflanzen, Flieder, Lilien. Sie kombiniert die Blumen mit einem Talent, das einen Besuch in ihrem Laden stets zu einem unvergeßlichen Erlebnis macht.

Manno Kroon
Corn. Schuytstraat 11
Tel.: 6791950
Maria de Haan ist auf englische Bouquets spezialisiert. Sie führt auch eine Auswahl gußeiserner Utensilien für Balkon und Terrasse.

Home Grow Shop
Hortusplantsoen 7
Tel.: 6220284
Das größte Spezialgeschäft für tropische Pflanzen. Wer selbst züchten will, ist hier richtig.

Ivy
Leidseplein 35
Tel.: 6236561
Eine große Auswahl an Bonsais, Kakteen und anderen dekorativen Pflanzen.

Kees Bevaart
Singel, gegenüber der Nr. 508
Tel.: 6258282
Er ist einer der besten Händler des schwimmenden Blumengroßmarkts am Singel. Große Auswahl an Zwiebeln, mehrjährigen Pflanzen, Tontöpfen und jederlei Gartenbedarf für Stadtgärten, Balkone und Terrassen.

Madelief
Haarlemerdijk 93
Tel.: 6253239
Großes Sortiment an Topf- und Schnittblumen, vor allem Rosen und Lilien.

Nederlandse Tuinenstichting
Herengracht 476
Tel.: 6235058
Diese Stiftung kümmert sich um den Erhalt der alten holländischen Parks und Gärten und besitzt ein umfangreiches Verzeichnis der schönsten öffentlich zugänglichen Gärten.

Riviera
Herenstraat 2–6
Tel.: 6380588
Großer Blumenladen, in dem man entzückende Bouquets erhält. Und auch hier führt man ein schönes, ausgesprochen umfangreiches Sortiment von Utensilien für Haus und Garten: kleine Möbel, Schalen, Vasen, Körbe und alles Zubehör für den perfekten Gärtner.

Vivaria
Ceintuurbaan 5
Tel.: 6764606
Fasziniert vom Regenwald? Hier findet man eine große Auswahl an Pflanzen. Viele Moose und Blumen aus dem Urwald, die man daheim im Vivarium wachsen lassen kann.

Blumenmarkt am Singel
Mit seinen von Blumen und Pflanzen überquellenden Buden entlang dem Singel bietet dieser Markt ein unvergeßliches Schauspiel, an dem man sich nicht sattsehen kann. Montag bis Samstag von 9 bis 18 Uhr. Erschwingliche Preise.

Blumenmarkt auf dem Amstelveld
Dieser bezaubernde Blumenmarkt auf dem hübschen Platz vor einer Holzkirche macht seine Buden nur montags auf.

Noordermarkt
Jeden Samstag morgen bietet

dieser reizende kleine Biomarkt seine Naturprodukte, Blumen und auch Vögel an.

Außerhalb von Amsterdam

Hortus Bulborum
Hoogweg 98, Limmen
Tel.: 072/5052981
Ein Garten, in dem man wilde Tulpen, Narzissen, Krokusse, Hyazinthen und Kaiserkronen bewundern kann, die bereits im 16. Jahrhundert bekannt waren. Geöffnet nach Absprache von Mitte April bis Ende Mai. Die Zwiebeln sind auch käuflich zu erwerben.

Hoveniersbedrijf Spaan
Krommerade 5, Kortenhoef
Tel.: 035/6562171
Eine Baumschule, in der man fast alle Pflanzenarten findet, besonders die mehrjährigen, die man für einen Garten braucht.

Konijnenburg
Handweg 93, Amstelveen
Tel.: 020/5032929
Ein auf ein- und mehrjährige Arten spezialisierter Handel, der auch Alpengewächse für Terrasse und Balkon, Zimmerpflanzen und ein Sortiment von Sträuchern und Koniferen anbietet.

Beijer Tuinarchitectuur
Kon. Wilhelminalaan 18, Haarlem
Tel.: 023/5327008
Landschaftsarchitekt Dick Beijer hat diesen Laden aufgemacht, in dem er Gartenzierpflanzen von hoher Qualität anbietet.

Wolterinck Bloemen B.V.
Naarderstraat 13, Laren
Tel.: 035/5383909
In der kleinen Ortschaft Laren hat Marcel Wolterinck ein wunderschönes Geschäft für Blumen und seltene Pflanzen eröffnet. Man findet dort auch so ausgefallene Objekte wie portugiesische Keramiken, philippinische Körbe, englische Leuchter und italienische Schalen. Gemeinsam mit seinem Team übernimmt er auch die Hausdekoration für ein Fest oder ein Abendessen.

SCHMUCK

Bonebakker
Rokin 88–90
Tel.: 6232294
Dieses Geschäft führt die Tradition des Diamantenhandels fort, die im 16. Jahrhundert von jüdischen Flüchtlingen in den Niederlanden eingeführt wurde.

Jorge Cohen
Singel 414
Tel.: 6238646
Dieses Lädchen unweit des Spui führt originalen Art-déco-Schmuck, aber auch sehr hübsche Modelle aus Teilen von altem Schmuck, der auf dem Flohmarkt aufgestöbert wurde.

Inez Stodel
Nieuwe Spiegelstraat 65
Tel.: 6232942
Inez Stodel präsentiert in der Antiquitätenstraße mit vollendetem Geschmack alten Schmuck und Modeaccessoires.

GALERIEN

Art Rages
Spiegelgracht 2a
Tel.: 6273645
Kollektion funktioneller und dekorativer Kunstwerke, hergestellt von Künstlern aus aller Welt. Keramik, Glas, Textil.

Galerie Barbara Farber & Rob Jurka
Singel 28
Tel.: 6276343
Im *achterhuis* eines Patrizierbaus, unter einem außergewöhnlichen Deckengemälde aus dem 18. Jahrhundert, hat Barbara Farber eine internationale Galerie eingerichtet, in der sie u. a. aktuelle Kunst aus New York ausstellt.

Galerie Espace
Keizersgracht 548
Tel.: 6240802
Seit 25 Jahren leitet Eva Bendien die Geschicke der Galerie, die vorrangig Werke der Gruppe Cobra zeigt.

ANTIQUITÄTEN

Amsterdam Antiks
Elandsgracht 109
Tel.: 6249038
Seit nunmehr 20 Jahren besteht der Antiekmarkt De Looier. Ingeborg Veenendaal verkauft dort kostbare Kleinmöbel, Silberarbeiten, Gläser und Schmuck. Sie ist auch Spezialistin für Taschenuhren.

Anne-Paul Brinkman
Keizersgracht 584–586
Tel.: 6274466
Anne-Paul Brinkman repräsentiert die dritte Generation einer Groninger Familie von Antiquitätenhändlern. Er ist spezialisiert auf große Dekorationsgegenstände und empfängt nach Verabredung in seinem Grachtenhaus.

Decorativa
Nieuwe Spiegelstraat 7B
Tel.: 4205006
Antiquitäten und Kuriosa in einer schier unglaublichen Mischung und Vielfalt: Spiegel, Möbel aller Stilepochen, griechische Statuen, Devotionalien.

Bernard Houthakker
Rokin 98
Tel.: 6233939
Der aus einer Kunstsammlerfamilie stammende Lodewijk Houthakker ist unter anderem für seine außergewöhnliche Sammlung von Architekturzeichnungen aus dem 18. Jahrhundert berühmt (Thema seines beachtlichen zweibändigen Werks). Ihn nahm sich Cees Nooteboom für den Antiquitätenhändler in seinem Roman »Rituale« zum Vorbild. Der gelehrte Sammler führt alte Gemälde und Zeichnungen.

Peter Korf de Gidts
Nieuwe Spiegelstraat 28
Tel.: 6252625
Im 17. Jahrhundert war jede Zeremonie, ob Taufe, Hochzeit oder Kirchweih, Anlaß genug, ein geschliffenes Glas zu verschenken. Bei diesem Spezialisten findet man solche Gläser, mit Porträts, Landschaften, Wappen oder Wahlsprüchen verziert.

Eduard Kramer
Nieuwe Spiegelstraat 64
Tel.: 6230832
Umgeben von eklektischem Trödel und Schaukästen mit historischen Delfter Kacheln biegt sich die Ladentheke unter alten Tonpfeifen und Gläsern. Hier kann man auch das heutige Delfter Porzellan der Manufaktur Makkam und Porceleyne Fles bestellen, die als einzige die alte Tradition fortführen. Ferner gibt es eine große Auswahl an glasierten Fliesen.

Frans Leidelmeijer
Nieuwe Spiegelstraat 58
Tel.: 6254627
Der Verfasser eines umfassenden Werks über Art nouveau und Art déco in Holland, Frans Leidelmeijer, bietet eine Kollektion von Möbeln und Gegenständen dieser Epoche an, aber auch – und das ist seltener – solche, die von den Vertretern der Amsterdamer Schule gestaltet wurden.

Jaap Polak
Spiegelgracht 3
Tel.: 6279009
Der Sohn eines Sammlers javanischer Kunst hat sich auf Gold- und Silberantiquitäten dieses Gebiets spezialisiert. Ferner findet man in seinem Laden Miniaturen, alte Elfenbeinarbeiten und glasierte Keramik aus Limoges.

Runnertje
Prinsengracht 531
Tel.: 6243735
Lampen, Porzellan, Vasen, z. T. im Jugendstil.

Silverplate
Nes 89
Tel.: 6248339
Kyra ten Cate (siehe auch Traiteure) hat unweit vom Rokin einen Laden aufgemacht, in dem man alles an versilbertem Geschirr findet, was man für eine schön gedeckte Tafel braucht.

Couzijn Simon
Prinsengracht 578
Tel.: 6247691
In einer ehemaligen Apotheke aus dem 17. Jahrhundert verkauft Couzijn Simon alte Puppen und Spielsachen. Die auffällige Gestalt mit dem roten Schnurrbart ist auch Vertragshändler des Amsterdamer Künstlers Anton Heijboer.

Salomon Stodel
Rokin 70
Tel.: 6231692
In diesem Geschäft hat sich seit 1936, dem Jahr der Eröffnung, nichts verändert. Die Familie Stodel verkauft die schönsten Delfter Fayencen, altes Silber und seltene Möbelstücke.

Stodel Decor
Nieuwe Spiegelgracht 65
Tel.: 6232942
Salomon Stodel hat ein Geschäft eröffnet, in dem er einen Antiquitätenhandel und innenarchitektonische Beratung miteinander verbindet. Der sichere Geschmack von Ineke Schierenberg, die den Laden meisterlich führt, macht ihn zu einer unumgänglichen Adresse für alle, die fachmännischen Rat suchen.

Elsbeth van Tets
Keizersgracht 528
Tel.: 6253766
Englische Stilmöbel, Gemälde und Schmuckgegenstände sind in ihrem Grachtenhaus nach vorheriger Vereinbarung zu besichtigen und zu kaufen.

H. C. van Vliet
Nieuwe Spiegelstraat 74

Tel.: 6227782
Spezialist für alte Gläser und Keramiken.

Außerhalb von Amsterdam

Piet Jonker
Gein Zuid 44, Abcoude
Tel.: 0294/293777
In einem schönen Dorf an der Vecht liegt das Geschäft, in dem man alte Fliesen, Türen, Kamine, Springbrunnen – eben einfach alles – kaufen kann, was man zur Dekoration eines Hauses oder Gartens braucht.

Coco Lansink
Kerkplein 10, Broek in Waterland
Tel.: 020/4031544
Der Trödelladen in einem Haus aus dem 16. Jahrhundert quillt über von Gegenständen und originellen Einfällen.

SCHLOSSMUSEEN

Außerhalb von Amsterdam

Beeckesteyn
Rijksweg 136, Velsen-Zuid
Tel.: 0255/512091
Das Schloß in der Nähe von Haarlem beherbergt das Fächermuseum. Der große Garten und der Park stehen dem Publikum offen. Teesalon und Restaurant ermöglichen eine angenehme Pause während der Besichtigung.

Duivenvoorde
Voorschoten
Tel.: 071/5613752
Dieses typische holländische Schloß des 17. Jahrhunderts, auf halbem Weg zwischen Amsterdam und Den Haag, umfaßt einzigartige Sammlungen von Porzellan, Glas, Silber und Möbeln. Die Intimität der einzelnen Räume ebenso wie der von Daniel Marot entworfene große Saal vermitteln eine liebenswürdige Atmosphäre. Der Garten ist phantastisch. Zuweilen werden in diesem Schloß, das man auch für Empfänge anmieten kann, Konzerte gegeben.

Muiderslot
Herengracht 1, Muiden
Tel.: 0294/261325
Die 1370 erbaute, von Wassergräben umzogene Backsteinfestung ist heute ein Museum. Das Ambiente ist immer noch so wie im 17. Jahrhundert. Soireen oder Konzerte bei Kerzenschein.

Sypesteyn
Nieuw Loosdrechtsedijk 150, Loosdrecht
Tel.: 035/5823208
Das 1911 nach Plänen aus dem 16. Jahrhundert gebaute und von einem sehr schönen Park umgebene, unvollendete Schloß ist eines der schönsten Museen im Lande. Neben Waffen, Silber, Möbel und Standuhren finden sich hier auch sehr seltene Loosdrechter Porzellane.

HAUSMUSEEN

Agnietenkapelle
Oudezijds Voorburgwal 231
Tel.: 5253339
Die Agnietenkapelle ist das Universitätsmuseum von Amsterdam. Im Jahre 1470 erbaut, gehörte die mittelalterliche Kapelle ursprünglich zu einem Frauenkloster. Heute kann der Kirchenbau als Vorläufer der Universität von Amsterdam besichtigt werden, denn er diente den heranwachsenden Akademikern als erster Vorlesungssaal der Stadt.

Museum Amstelkring
Oudezijds Voorburgwal 40
Tel.: 6246604
In diesem kleinen Museum, berühmt für seine »Versteckkirche« auf dem Dachboden, läßt sich ein vollständig erhaltenes Wohnzimmer aus dem 17. Jahrhundert besichtigen.

Katten Kabinet
Herengracht 497
Tel.: 6265378
Dieses Museum in einem Patrizierhaus an der Gouden Boucht, gegründet von einem Katzennarr, ist ganz diesen Vierbeinern gewidmet und zeigt Gemälde und Zeichnungen von Rembrandt, Henriette Ronner-Knip, Picasso, Steinlen und Sal Meyer sowie ägyptische Bronzen und Skulpturen.

Museum van Loon
Keizersgracht 672
Tel.: 6245255
Wer eine Vorstellung davon erhalten will, wie prächtig die Ausstattung in einem der nobelsten Häuser im Goldenen Jahrhundert gewesen ist, muß sich dieses im 17. Jahrhundert von Adriaen Dortsman gebaute und im 18. renovierte, wunderbar erhaltene Patrizierhaus anschauen. Kann für Empfänge gemietet werden.

Theatermuseum
Nederlands Theater Instituut
Herengracht 168
Tel.: 5513300
Eine monumentale Treppe, schöne Stuckarbeiten sowie zwei Räume mit Wand- und Deckenmalereien sind in diesem im 18. Jahrhundert umgebauten Patrizierhaus von 1638 zu besichtigen. Das Museum sammelt und zeigt alles, was mit dem niederländischen Theater zu tun hat. Schön eingerichteter, gemütlicher Teesalon.

Vakbonds Museum
Henri Polaklaan 9
Tel.: 6241166
Das vor kurzem für den Publikumsverkehr geöffnete Gewerkschaftsmuseum befindet sich in einem Gebäude, das im Auftrag der Vereinigung der Diamantschleifer von Berlage 1900 erbaut wurde. Unbedingt zu besichtigen wegen der Halle, der spektakulären Treppe und wegen des Büros, in dem alle Möbel von Berlage entworfen wurden. Ein kleines Café bietet Erfrischungen.

Willet-Holthuizen
Herengracht 605
Tel.: 5231870
Das Patrizierhaus aus dem 18. Jahrhundert wurde der Öffentlichkeit zugänglich gemacht, doch im Gegensatz zum restaurierten und frisch gestrichenen Museum van Loon herrscht hier eine etwas enttäuschende Stimmung: Wände in tristen Farben, glanzlose Porträts, und selbst der schöne geometrische Garten, den einst Daniel Marot entwarf, scheint nicht sonderlich gepflegt zu sein. Dennoch sollte man sich die schönen Sammlungen von Delfter Fayencen, von geschliffenen Gläsern und Porzellanwaren ansehen.

Woonbootmuseum
Prinsengracht 296
(Elandsgracht)
Tel.: 4270750
Originales Binnenschiff, in dem man viel über die »Romantik« auf dem Wasser erfährt. Bücherei, Fotos, fachkundige Führungen.

Außerhalb von Amsterdam

Gemeentelijke Museum
Nieuwstraat 41, Weesp
Tel.: 0294/491245
Im zweiten Stock des neoklassizistischen Rathauses von Weesp sind einige Säle mittlerweile für die Öffentlichkeit zugänglich, die vor allem eine außergewöhnliche Porzellansammlung beherbergen. In Weesp wurde 1758 die erste Porzellanmanufaktur der Niederlande gegründet.

Frans Halsmuseum
Groot Heiligland 62, Haarlem
Tel.: 023/5115775
Frans Hals lebte mehrere Jahre im Oudemannenhuis, einem 1606 von Lieven de Key erbauten Altenhospiz. Später wurden die herrlichen Gebäude in ein Museum umgewandelt. Bewundern kann man hier neben den Gemälden von Frans Hals eine schöne Sammlung alten Silbers aus dem 17. und 18. Jahrhundert sowie ein entzückendes Miniaturhaus aus dem 19. Jahrhundert, das zwölf niedlich möblierte Zimmerchen aufweist.

Marken Museum
Kerkbuurt 44, Marken
Tel.: 0299/601904
Naiv bemaltes, buntes Geschirr, Alkoven und Stickereien – in diesem Häuschen im Ortskern wurde die Lebenswelt einer Fischerfamilie rekonstruiert, wie sie vor der Eindeichung der Zuiderzee ausgesehen haben muß.

Oudheidkamer Maarssen
Diejendaalsedijk 19, Maarssen
Tel.: 0346/563841
In einer früheren Sommerresidenz an der Vecht mit großem Park, die heute der Familie Goudenstein gehört, wurde ein großes Zimmer für Besucher geöffnet. Die Besichtigung vermittelt eine Vorstellung davon, wie es einst in den *buitenhuizen*, den Landhäusern, aussah.

Purmerends Museum
Kaasmarkt 20, Purmerend
Tel.: 0299/428755
Purmerend erlangte im 19. Jahrhundert Berühmtheit durch seine Vasenproduktion im Stil von Gallé. Einige Exemplare sind in den Sälen des Rathauses ausgestellt, die mit ihrem alten Mobiliar an vergangene Zeiten erinnern.

Singer Museum
Oude Drift 1, Laren
Tel.: 035/5315656
1911 ließ sich der amerikanische Maler William Henry Singer ein Haus in der kleinen Ortschaft Laren bauen. Nach seinem Tod wurde es Museum und beher-

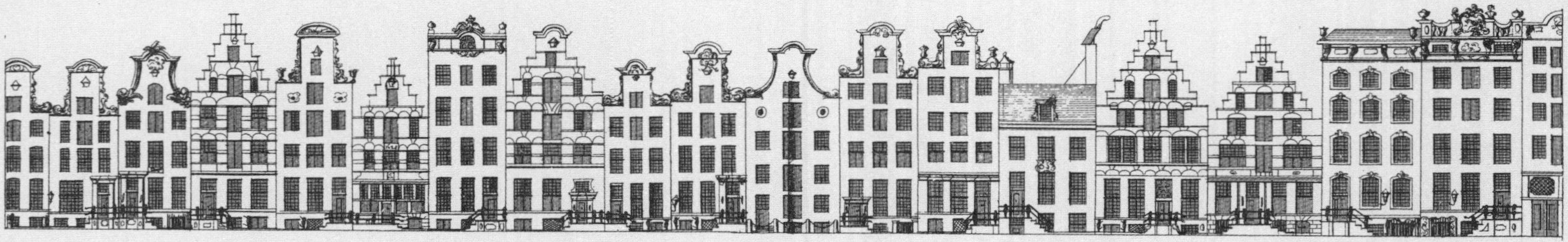

bergt sein Œuvre sowie viele andere Bilder von berühmten Künstlern. Im Garten mit seinen beeindruckenden Skulpturen (unter anderem von Rodin, Bourdelle usw.) finden regelmäßig Konzerte statt.

Grietje Tump Museum
Kadoelenweg 69, Landsmeer
Tel.: 020/6313455
In einem schlichten Häuschen nördlich von Amsterdam kann man eine seit 100 Jahren liebevoll erweiterte Sammlung von Gebrauchsgegenständen, Krügen, Schokoladendosen usw. bewundern. Man besichtigt die freundliche Küche und das Wohnzimmer, wo man sich u. a. ein Bild von der Bequemlichkeit eines Alkovens machen kann. Nur am Sonntag geöffnet.

Huis Verwolde
Jonker Emilelaan 4, Laren
Tel.: 0573/401825
In diesem Adelshaus des 17. Jahrhunderts, zu dem ein schöner französischer Garten gehört, ist die historische Atmosphäre deutlich spürbar.

Zaans Historische Museum
Lagedijk 80, Zaandijk
Tel.: 075/6217626
Das Haus eines reichen Kaufmanns aus dem 18. Jahrhundert wurde der Öffentlichkeit zugänglich gemacht. Einen Raum schmücken wunderschöne Wandmalereien mit Darstellungen von Zaandam. Durch die Fenster des erst im 19. Jahrhundert angebauten Sommersalons kann man eine Reihe von Mühlen aus dem 17. und 18. Jahrhundert bewundern.

HISTORISCHE DEKORS

Arti et Amicitiae
Rokin 112
Tel.: 6233508
Künstlerzirkel, dem auch Mondrian angehörte. Das Clubmitgliedern vorbehaltene Café-Restaurant im Erdgeschoß ist sehr belebt, wenn sich Schriftsteller, Maler und Journalisten um die großen Tische versammeln. Berlage entwarf die Sessel und die schöne Treppe, die für Besucher zugänglich ist.

De Beurs
Damrak 277
Tel.: 5304141
Nach einem lebhaften Wettbewerb (man konnte sich nicht über das Projekt einigen) wurde 1903 Berlage mit dem Entwurf des Börsengebäudes beauftragt. Den Konferenzsaal, der von dem berühmten Architekten auch möbliert wurde und den man für Empfänge mieten kann, sollte man sich unbedingt ansehen. Besichtigung nach Absprache. In der Halle finden wechselweise Konzerte, Ausstellungen usw. statt.

Cinetol
Tolstraat 154
Tel.: 6648670
Dieser 1927 gebaute ehemalige Theosophensaal, heute eine Bibliothek, ist besonders wegen seiner sachlichen Architektur und Ausstattung interessant, die ihn mit der Bewegung »De Stijl« verbindet.

Hollandsche Manege
Vondelstraat 140
Tel.: 6180942
1881 wurde das Reitinstitut von dem Architekten A. L. van Gendt gebaut, der sich die berühmte Spanische Reitschule in Wien zum Vorbild nahm. Das Reitinstitut, unweit des Vondelparks, ist noch immer in Betrieb.

Sauna Déco
Herengracht 115
Tel.: 6238215
Bob Snabel richtete seine Sauna im ersten Haus ein, das Berlage in Amsterdam geschaffen hat, und mit Hilfe der verschiedensten Elemente, die er nach dem Abriß des Pariser Bon Marché erstehen konnte, schuf er ein außergewöhnliches Art-déco-Ambiente. Ein wirklich sehenswerter Rahmen für ein paar Augenblicke der Entspannung.

Scheepvaarthuis
Prins Hendrikkade 108
Ein Meisterwerk der Amsterdamer Schule, innen und außen mit maritimen Dekorationen. Dieses verrückte Stück Architektur von Johan van der Mey, Michel de Klerk und Piet Kramer ist heute der Sitz der Städtischen Verkehrsbetriebe. In den Direktorenbüros findet man nach wie vor die von de Klerk und Kramer entworfenen Möbel mit ihren phantastischen Formen.

Tuschinski
Reguliersbreestraat 26
Tel.: 6262633
Mit seinen aufsehenerregenden Türmen, den reichlich gemusterten Teppichen und seiner spektakulären Innenausstattung stellt es wohl das kitschigste Kino Europas dar. 1918 wurde es von Abraham Tuschinski bei dem Architekten de Jong in Auftrag gegeben, 1921 fertiggestellt. Hier konnte man zu den Zeiten des großen Kinos Judy Garland, Marlene Dietrich und Edith Piaf leibhaftig begegnen. Bei einem Glas Wein im komfortablen Foyer kann man dieser vergangenen Glanzzeit nachsinnen.

FÜHRUNGEN

Artifex Travel
Herengracht 342
Tel.: 6208112
Kunsthistoriker und Amsterdam-Liebhaber organisieren für einzelne Besucher und Gruppen Rundgänge durch die Stadt und führen zu den interessantesten Sehenswürdigkeiten und Museen.

Hans Tulleners
Spinhuissteeg 2 BG
Tel.: 6222213
Der Verfasser zahlreicher Werke über die Häuser von Amsterdam (nur in Niederländisch), Hans Tulleners, bietet themenbezogene Besichtigungen zu Fuß oder per Rad an. Führungen in Niederländisch, auf Anfrage für kleine Gruppen auch in Englisch.

DESIGN

Binnenhuis
Huidenstraat 3
Tel.: 6382957
In diesem Laden im Zentrum hat die dynamische Yvonne Hulst eine Auswahl von Kreationen der größten Designer unserer Zeit zusammengestellt. Jetziger Besitzer ist Herr van Dijk.

Binnenhuis Bathroom
Jacob Obrechtstraat 19
Tel.: 6718245
Yvonne Hulst eröffnete dieses Geschäft, in dem man die schönsten Sanitäranlagen der 1930er Jahre sowie Mobiliar und Zubehör findet, um eine Naßzelle geschickt in einen charmanten und komfortablen Ort zu verwandeln.

Eckhardt & Leeuwenstein
Spuistraat 281
Tel.: 6243956
Rob Eckhardt, ausgebildeter Architekt, entwirft Möbel, die er in Europa und Japan vertreibt. In seinem Geschäft bietet er auch Werke anderer Künstler wie William Brand und Maarten Vrolijk an.

The Frozen Fountain
Prinsengracht 629
Tel.: 6229375
Möbel von jungen Designern entworfen und ausgeführt in kleinen Serien. Auch kostbare Einzelstücke.

DEKORATION

Außerhalb von Amsterdam

Jan des Bouvrie
Arsenarl, Naarden
Tel.: 035/6941144
Ein sehr großer Ausstellungssaal, in dem man Objekte und Möbel der größten Designer von heute findet sowie die Kreationen von Jan des Bouvrie, der seine Fähigkeiten sowohl Privatleuten wie auch Hotels, Restaurants usw. zur Verfügung stellt.

Georgette Reuchlin
Kerkplein 12–12a, Bloemendaal
Tel.: 023/5275308
Georgette Reuchlin hat ein Dekorationsgeschäft auf dem Kirchplatz des hübschen Dorfes Bloemendaal eröffnet. Ihr Angebot ist stark von England beeinflußt, von wo sie mitunter Möbel mitbringt. Sie übernimmt in manchen Fällen auch die Dekoration und Inneneinrichtung umliegender Häuser.

BÜCHER

A la carte
Utrechtsestraat 110–112
Tel.: 6250679
In einer der interessantesten und abwechslungsreichsten Einkaufsstraßen der Stadt findet man diesen Bücherladen zum Thema Reisen. Hier gibt's internationale Lektüre von Ameland bis Zypern, Bücher, Landkarten und vieles mehr für Bergsteiger, Wanderer, Taucher, Radfahrer, Sonnenanbeter und Stadtwanderer.

Architectura & Natura
Leliegracht 44
Tel.: 6236186
Guus Kemme hat diese bemerkenswerte Buchhandlung übernommen, in der man alles über Architektur, Gartenkunst, Inneneinrichtung, Design und Natur findet. Seit kurzem ist er auch Verleger und publiziert

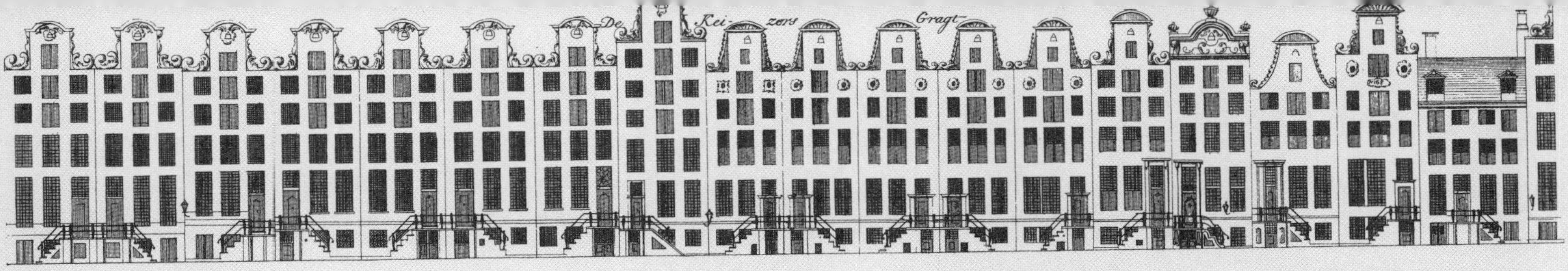

Bücher zur zeitgenössischen Architektur, zur Amsterdamer Schule und zum Bauhaus sowie ein vierteljährlich erscheinendes Magazin zu zeitgenössischer Architektur.

Athenaeum
Spui 14
Tel.: 6226248
Mit ihrer Jugendstilfassade ist sie eine der schönsten Buchhandlungen der Stadt. Johan Polak begnügt sich nicht mit einer interessanten Auswahl seltener Bücher, er veröffentlicht seine Lieblingsautoren in Luxusausgaben. Der Nachbarladen, Athenaeum Nieuws Centrum, bietet eine einzigartige Auswahl fremdsprachiger Zeitungen und ist auch sonntags geöffnet.

Au bout du monde
Singel 313
Tel.: 6251397
Fachbuchhandlung für okkulte Wissenschaften und Esoterik.

De Kloof
Kloveniersburgwal 44
Tel.: 6223828
Büchernarren, die über ein bißchen Chaos hinwegsehen können und ein gewisses Maß an Durcheinander eher liebenswert finden, sind in der Buchhandlung De Kloof gerade richtig. Das Antiquariat bietet eine riesige Auswahl an Gedrucktem, in dem sich auf vier Etagen stöbern läßt.

A. Kok en Zoon
Oude Hoogstraat 14
Tel.: 6231191
Eine gute Auswahl alter Bücher.

Allert de Lange
Damrak 62
Tel.: 6246744
Werke niederländischer, aber auch englischer, französischer und deutscher Romanciers. Fachbuchhandlung für Reisen (Berichte, Führer, Karten).

Nijhof & Lee
Staalstraat 13a
Tel.: 6203980
Diese Buchhandlung ist die ideale Anlaufstation für denjenigen, der seltene Bücher zu Kunst, Architektur, Musik und Design, vor allem aber sonst schwer erhältliche Ausstellungskataloge sucht.

G. Postma
Oudezijds Voorburgwal 249
Tel.: 6245781
Man muß schellen, um im »Dreigrachtenhaus« Einlaß zu finden, einem der schönsten Häuser Amsterdams, in dem sich ein Antiquar eingerichtet hat. Hier erhält man auch ein ausführliches Faltblatt mit allen weiteren Antiquariaten der Stadt.

Schelttema Holkema Vermeulen
Koningsplein 20
Tel.: 5231411
In diese Buchhandlung mit ihren sechs dicht gefüllten Etagen, eine der größten der Stadt, kommen häufig berühmte Schriftsteller, um ihre Werke zu signieren.

Gelegenheiten
Mehrere Läden aus dem 18. Jahrhundert bieten in einer romantischen Passage, die auf den belebten Hof der Universität führt, alte Bücher, Zeichnungen und Partituren an.
Oudemanhuispoort: Montag bis Samstag von 10 bis 16 Uhr. Freitags kann man auf einem Markt vor dem Caffe Esprit nach alten Büchern stöbern.

BOOTE

Mehrere Unternehmen bieten Grachtenrundfahrten und Ausflüge auf dem Wasser an. Die Abfahrtsplätze befinden sich am Bahnhof, dem Dam und Rokin.

Canal Cruises
Nicolaas Witsenkade (gegenüber dem Heineken-Brauereimuseum).
Tel.: 6265636
Rundfahrten durch die Grachten.

L. J. Harri B. V.
Prins Hendrikkade 94
Tel.: 6248052
Dieser Laden im berühmten Schreierstoren führt Bücher über Schiffahrt und Navigationsinstrumente. Man findet hier die berühmten Bolle-Barometer, die so originell wie teuer und empfindlich sind.

Andries de Jong B. V.
Muntplein 8
Tel.: 6245251
Sehr schöne Schiffsbedarfshandlung am Amstelufer.

Rederij Lovers
Prins Hendrikkade und gegenüber dem Hauptbahnhof
Tel.: 6222181
Die Firma betreibt nicht nur die »Museumsboote«, die fahrplanmäßig alle großen Museen anfahren, sondern vermietet auch Wassertaxis. Mit diesen Booten kann man sich seine individuelle Grachtentour zusammenstellen.

Scheepwaartmuseum
Kattenbergerplein 1
Tel.: 5232222
Das Schiffahrtsmuseum ist in einem historischen Gebäude aus dem Jahre 1657 untergebracht. Seit 1981 wird der Bau als Museum genutzt, in dem eine Vielzahl von Seekarten, Instrumenten, Atlanten, Waffen und Globen ausgestellt werden.

Außerhalb von Amsterdam

De Valk International
T. Breukeleveense Meentje 6, Nieuw-Loosdrecht
Tel.: 035/5829010
Eine sehr gute Adresse, um ein altes Boot oder einen Kahn zu erstehen, den man zum Hausboot umbauen kann. Erkundigen Sie sich nach Mark Schoutten.

Zeilvaart Enkhuizen
Stationsplein 3, Enkhuizen
Tel.: 0228/312424
Hier kann man eines dieser schönen traditionellen Boote kaufen, die man auf dem IJsselmeer so häufig sieht, und es anschließend zur ständigen Residenz einrichten.

Zeilvloot Muiden
Herengracht 49, Muiden
Tel.: 0294/263927
Sehr schöne alte Tjalken mit braunen Segeln und Klipper wurden für die Charter-Schiffahrt hergerichtet, ohne ihre Authentizität zu zerstören.
Man kann sie mit Mannschaft für ein Wochenende oder länger mieten (zwischen 8 und 29 freie Betten).

Zuyder Zee Cruising
Hoorn
Tel.: 0229/217042
Hier im Hafen von Hoorn können Sie ein schönes traditionelles Schiff für einen Tag, ein Wochenende oder einen Monat mieten.

MUSIK

Cristofori
Prinsengracht 579–583
Tel.: 6268485
Hans Duyf begnügt sich nicht mit dem Verkaufen von Bechsteins, Steinways, Bösendorfers und anderen Kostbarkeiten, er organisiert auch Konzerte. Diese berühmten Veranstaltungen finden in einem Nachbarsaal der Reparaturwerkstätten oder am Kanal statt (siehe Stadtkalender).

Perlee et fils
Westerstraat 119
Tel.: 6249310
Der Enkel des berühmten Perlee, Leon van Leeuwen, setzt die Familientradition der Pflege, Restaurierung und des Verleihs von Drehorgeln fort.

VERSCHIEDENES

Affaire d'Eau
Haarlemmerdeik 148/150
Tel.: 4220411
Badewannen, Wasserhähne – ob in Art déco oder Art nouveau, in diesem *showroom* gibt's gepflegtes Altes für moderne Bäder.

Jacob Hooy
Kloveniersburgwal 12
Tel.: 6243041
Seit 200 Jahren lenkt die Familie Oldenboom die Geschicke dieser großartigen Drogerie und Kräuterhandlung, die auch ihr eigenes Sortiment von Schönheitsprodukten herstellt. Hier findet man eine große Auswahl an Lakritz, der traditionellen Süßigkeit des Nordens.

Knopenwinkel
Wolvenstraat 14
Tel.: 6240479
Wer Knöpfe sucht – in diesem durch und durch gestylten Laden gibt's die große Auswahl. Hollands einziger Knopfladen verkauft Tausende von Knöpfen in allen Formen, Größen, Farben und Materialien.

Kramer
Reestraat 20
Tel.: 6265274
Zwei Läden in einem. Auf der einen Seite werden alte und neue Puppen restauriert, auf der anderen Kerzen aller Größen und Farben verkauft.

Pakhuis Amerika
Prinsengracht 541
Tel.: 6392583
Origineller Laden mit Second-hand-Artikeln aus den USA. Hier sind typisch amerikanische Gegenstände zu bekommen, vom Briefkasten bis zum Kühlschrank, von Westernboots bis zu Cola-Kästen.

Gebr. Van Paridon
N. Z. Voorburgwal 361
Tel.: 6235911

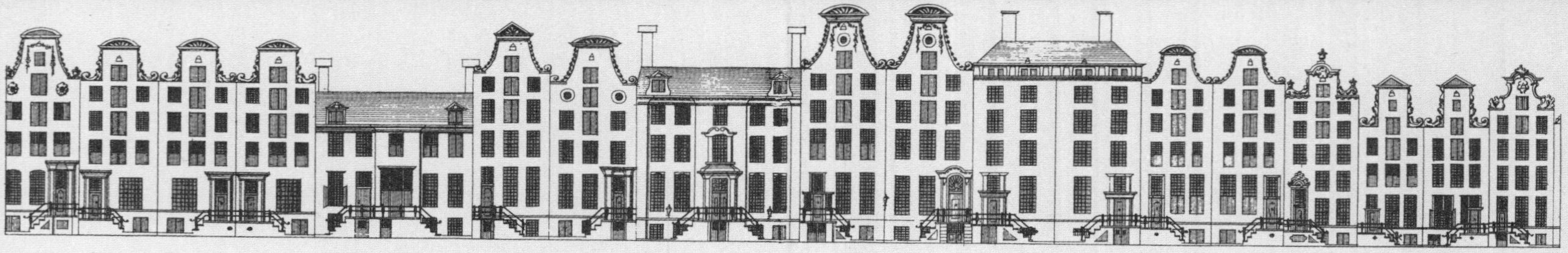

Weihwasserbecken, Madonnen, Heiligenfiguren, Medaillen, Klosterkerzen und noch vieles mehr findet man in diesem traditionsreichen Laden für christliche Devotionalien.

1001 Kralen
Rozengracht 54
Tel.: 6243681
Ein Geschäft, das Mädchen ins Träumen geraten läßt. Es verkauft nur Perlen, und die in großer Auswahl. Geordnet sind sie nach Farbe und Material in unzähligen Glasbehältern, so daß sich jede Kundin ihren individuellen Schmuck zusammenstellen kann.

Vlieger
Amstel 52
Tel.: 6235834
Das von ehemaligen Verlegern gegründete Geschäft bietet seit mehr als einem Jahrhundert eine unerhört große Auswahl an Papieren sowie Ölfarben, Gouache und Aquarellfarben an. Künstler, Bühnenbildner und Kunststudenten finden hier, was das Herz begehrt.

Vliegertuig
Gasthuismolensteeg 8 HS
Tel.: 6233450
Die Jahre vergehen, und die Kinder lassen weiter an den Stränden der Nordsee Drachen steigen. Dieser kleine Laden führt eine Riesenauswahl davon, für jeden Geschmack und Geldbeutel.

Außerhalb von Amsterdam

Bruids Couture
Bartelgorisstraat 4, Haarlem
Tel.: 023/5310336
Die Schauspielerin Els Hillenius, der ein hübsches Haus auf dem Wasser gehört, hat ein Geschäft für Brautkleider eröffnet. Aus ganz Holland, selbst aus dem Ausland, kommen die Frauen, um sich ihr Traumkleid auf den Leib schneidern zu lassen. Ein paar Minuten probiert diese Künstlerin mit den kostbaren Seiden, die sie aus dem Orient importiert, und schon ist der individuelle Entwurf für den großen Tag fertig, der dann in der Werkstatt im ersten Stock fachmännisch ausgeführt wird.

Poppentheater
Wolfert van
Borsselen Weg 85/A,
Amstelveen
Tel.: 020/6458681
Seit 1966 werden hier mit großem Erfolg Theaterstücke für kleine und große Zuschauer aufgeführt, jeweils samstags und sonntags. Von Mai bis August ist das Theater geschlossen.

INSTITUTIONEN

Maison Descartes
Vijzelgracht 2a
Tel.: 6224936
Seit 20 Jahren bietet das im ehemaligen wallonischen Hospiz untergebrachte Französische Institut der Niederlande eine reichbestückte Bibliothek, ein Dokumentationszentrum und Unterrichtsräume an. In der Küche, neben einem großen, mit weißen Delfter Kacheln geschmückten Kamin, hat man ein Bistro eingerichtet – französische Küche natürlich. Den reizenden Garten hat Arend Jan van der Horst angelegt.

Vereniging Hendrick de Keyser
Herengracht 284
Tel.: 6249755
Die 1918 gegründete, nach dem holländischen Architekten und Bildhauer des 17. Jahrhunderts benannte Vereinigung hat die Restaurierung und Erhaltung historischer Bauten in ganz Holland zum Ziel. Ihr ist die Restaurierung des berühmten Bartolotti-Hauses zu verdanken, aber auch die bescheidenerer Bauwerke wie dem eines kleinen Kapitänshauses in Hafennähe oder des Holzhauses des Begijnhof. Die fördernden Mitglieder werden laufend über die Aktivitäten der Gesellschaft unterrichtet und können die jeweils zuletzt restaurierten Bauwerke besichtigen.

VVV Auskunftsbüro
Stationsplein 10
Tel.: 06/34034066
Vor dem Bahnhof, über dem reizenden und sehr belebten Café Smit's, bietet Ihnen das Fremdenverkehrsamt nützliche Dienste. Amsterdam ist nicht nur eine Museumsstadt, sondern auch eine Stadt der Musik. Davon, und ganz besonders von den Konzerten in Kirchen, die häufig zu Kulturzentren umfunktioniert wurden, erfahren Sie neben anderen Aktivitäten aus den detaillierten Programmen, die dort ausgegeben werden. Sie können keine wertvolleren Führer finden als die kleinen Faltblätter, die das VVV zu Rundgängen unter bestimmten Gesichtspunkten verteilt: Jordaan, Amsterdamer Schule, Rembrandt und Amsterdam, das Jüdische Viertel, der Hafen, auf den Spuren van Goghs usw. Das VVV hat ein Programm für alle Jahreszeiten und bietet tausend Wege an, die Stadt zu entdecken.

STADTKALENDER

April
Am 30. April, dem Geburtstag der Königinmutter, verwandelt sich die Stadt in einen riesigen Markt, denn ein jeder kann sich auf die Straße stellen und verkaufen, was er will! Während des Einkaufsbummels können Sie ein Gläschen Oranje-Bitter nehmen, den Likör, der traditionell zur Feier der Königsfamilie nur an diesem Tag getrunken wird.

Öffnung der Gärten und Gewächshäuser des Beukenhof. Ein bezaubernder Spaziergang, trotz der Touristenbusse. Der Park ist so groß, daß man das Schauspiel der Millionen Blumen trotz allem in Ruhe genießen kann.

Mai
Am zweiten Sonntag des Monats werden alle noch arbeitenden Mühlen für das Publikum geöffnet. Die sieben Mühlen am Zaan liegen ein paar Minuten vom Stadtzentrum entfernt, kaufen Sie dort den köstlichen Senf bei Huisman, der ehemaligen Schnupftabak- und jetzigen Senfmühle. Sie können aber auch die Mühlen in Laren oder Weesp besuchen.

Juni
Holland-Festival: Tanz, Musik, Theater, auch auf der Straße. Jeder Platz wird zum Konzertsaal.

August
Konzert an der Prinsengracht.

Dieses am dritten Freitag des Monats von Cristofori organisierte Freiluftkonzert zieht die größten Namen der Musik und Scharen aufmerksamer Zuhörer an.

September
Tag der offenen Tür: Am zweiten Samstag des Monats öffnen zahlreiche Schlösser, Privathäuser, Mühlen, Schiffe usw. dem Publikum die Türen; Wegweiser ermöglichen eine nicht alltägliche Entdeckung der Umgebung.

Für alle Informationen über die Veranstaltungen in der Umgebung der Stadt wenden Sie sich an **Stichting Open Monumentendag**, St. Antoniebreestraat 69, Amsterdam, Tel.: 277706. Für die Veranstaltungen in der Stadt selbst wenden Sie sich an **Open Monumentendag Amsterdam**, Keizersgracht 123, Amsterdam. Am Tag der offenen Tür herrscht eine herzliche Ferien- und Feststimmung, an der mehr als eine halbe Million Menschen teilhaben.

DANKSAGUNG

Die Autorin möchte sich vor allem bei den Freundinnen bedanken, ohne die dieses Buch nie zustande gekommen wäre. Catherine Camiaux war die erste, die mir die Türen der Amsterdamer Wohnungen öffnete. Ineke Schierenberg hat mich herzlich empfangen und über tausend Facetten einer Lebenskunst informiert, die mir bis dahin noch fremd war.

Dominique Marchal half mir geduldig bei der Arbeit an Dokumenten und Interviews. Françoise Triffaux stand mir während der ganzen Konzeption des Buches mit Rat zur Seite. Aber nichts wäre gegangen ohne die Geduld von Eric Lippens, meinem Mann, der meine Befürchtungen, Irritationen und Abwesenheiten mehr als ein langes Jahr stoisch ertrug, und Anne Fitamant, die bei meinem Verlag die Entstehung des Buches begleitet hat.

In Amsterdam gilt all mein Dank: Pierre Audi, Reinier Baarsen, Corry Bogaard, Kyra ten Cate, Nelly Cuypers, Hans Duyf, Jules Farber, Len Irwin, Jan Lagrouw, Hoedel van Leeuwen, Hans Oerlemans, Frau Olden, Odette

Taminiau, Frau Theel-Handgraaf, Frau und Herrn van Aken, Marianne van Brussel, Arend Jan van der Horst, Folker van Heek, Marc van der Velde, Patricia van den Wall Bake-Thompson, Kees van Wees, Els Wamsteeker, Herrn Zandt, Edwarda Zetteler.

Und all denen, die uns die Erlaubnis gaben, ihre Lebenswelt zu photographieren: Frau Albeda, Julian Andrews, Arnoldina van Berge, Margreet und Peter Beerents Modderman, Herrn und Frau Bentinck, Waldo Bien, Monique und Jan des Bouvrie, Marijke und Marinus Brandt, Anne-Paul Brinkman, Boudewijn Büch, Kyra und Menko ten Cate, Niels Daan, Henriette Daniels, Sandra Drenkelford, Rollan Didier, Jules und Barbara Farber, Peter Gabriëlse, Maryan Geluk, Christiaan van de Graaf, Anne-Marie Groot, Martijn Hagoort, Anne Hellings, Herrn und Frau van Hövelltot Westerflier, Els Hillenius, Maria Hofker, Dicky Huese, Yvonne Hulst, Hein Kolk, Marijn de Koning, Gerda de Koster, Ger und Hermine Lataster, Ronald de Leeuw, Tom und Hoedel van Leeuwen, Herrn und Frau Leonhardt, Paul de Lussanet, Ans Markus, Gerry Meijer-Nelissen, Aletta Moerman, Herrn und Frau Niemeijer, Edgar und Lyn Parser, Herrn und Frau Polak, Carlos Ré, Georgette Reuchlin, Joseph Ritman, Paul Rosenbert, Edwin Rutten, San Ming, Ineke und Dieter Schierenberg, Couzijn Simon, Inez Stodel, Herrn van Loon, Herrn van Rossum, Emile und Mira van Slooten, Elsbeth van Tets, Herrn van Thijn, Caroline van der Vegt, Ed und Ingeborg Veenendaal, Herrn de Visser, André Volten, Corstiaan de Vries, Gerard Witlox und Marcel Wolterinck.

Arend Jan van der Horst bedankt sich bei allen Besitzern der gezeigten Gärten: Maria Hofker Rueter, Jan Willem und Henry ten Brocke, Herrn und Frau Stefcle, Herrn und Frau Bader sowie Gérard Rakers, der Christian Savamon oftmals geduldig bei den Aufnahmen begleitet hat.

Der Verleger dankt allen, deren wertvoller Rat es ihm ermöglichte, die Amsterdamer Lebensart zu verstehen, und ganz besonders Frau Françoise Bernard, Frau Jean-Louis Lalanne, Herrn John Moren, Frau Els Wamstecker, Herrn Guus Kemme, Frau Lichterwagner, Herrn Herns Tulleners, Herrn Schopman, Frau Ireen Wyers, Herrn Hans Oerlemans, Herrn Paul Rosenberg, Henry van den Berg, Frau Quirine Molhuyser, Herrn Herman ter Balkt, Herrn Lodewijk Houthakker, Herrn Daalder sowie allen, die zur Bereicherung unserer Dokumentation beitrugen: Frau Janet Pilch, Herrn Heigbroek, Frau Anne Kerkhos, Herrn Ian van Straten und Frau Ghislaine Rosenmüller, Frau Chamoin, Herrn van Tulder, Herrn Frank Kloppert und Frau Titia Mulders von Residence.

Ganz besonderen Dank an Jannick Bourhis und Philippe Noble für ihre wertvolle Mitarbeit sowie an Dominique Marchal, Richard Crevier und Pita Zegers.

Seine Dankbarkeit aussprechen möchte der Originalverlag Daniel Brücher, Rob Demarée und Thomas Neurath für ihre begeisterte Mitwirkung bei der Entstehung dieses Buches.

BIBLIOGRAPHIE

Amsterdam, (ApaGuides), München o. J.
Amsterdam, (Merian), Hamburg 1992
Bock, Claus, Untergetaucht unter Freunden. Ein Bericht. Amsterdam 1942–1945, Amsterdam 1989
Bodenschatz, Harald/Heise, Volker/Korfmacher, Jochen, Schluß mit der Zerstörung? Stadterneuerung und städtische Opposition in Amsterdam, London und West-Berlin, Gießen 1983
Boesten v., Egon (Hrsg.), Amsterdam, Hamburg 1989
Boyer, Marie-France, Le jardin enchanté de Maria Hofker, Paris
Carmiggelt, Simon, Heiteres aus Amsterdam, Erzählungen, Frankfurt/M., Berlin 1990
Dunford, Martin/Holland, Jack, Amsterdam. Reisehandbuch mit vielen praktischen Tips, Erlangen 1992
Günter, Roland, Amsterdam. Ein Reisebuch in den Alltag, Reinbek bei Hamburg 1981
ders., Amsterdam. Sprache der Bilderwelt. Mediale und ästhetische Aspekte der historischen holländischen Stadt-Kultur, Berlin 1991
Hausenstein, Wilhelm, Stadtreisen, erstens Amsterdam, 1987
Hetzel, Helmut, Holland (Richtig Reisen), Köln 1991
Koot, Ton, Amsterdam, 1979
Mattie, Erik, Derwig, Jan, Amsterdam school, Amsterdam
Méchoulan, Henry, Das Geld und die Freiheit. Amsterdam im 17. Jahrhundert, Stuttgart 1992
Meijer, Emile, Amsterdam. Die Kunstschätze im Rijksmuseum, München 1985
Nooteboom, Cees, Rituale, Frankfurt/M. 1989
Posthuma de Boer, Eddy/Posthuma de Boer, Henriette, Amsterdam, (Richtig Reisen), Köln 1990
Rona, Jutka, Holland, (Kunst-Reiseführer), Köln 1991

REGISTER

Die fett gedruckten Seitenzahlen verweisen auf Abbildungen